2024年
新制度
対応版

NISA & iDeCo 完全ガイド

楽天証券経済研究所ファンドアナリスト
篠田尚子

SB Creative

はじめに

個人の資産形成を後押しする目的で、2001年にiDeCoを含む確定拠出年金制度、2014年にNISA（少額投資非課税制度）が始まりました。

iDeCoもNISAも、導入以降に何度も改良が重ねられており、内容はどんどん拡充しています。

さらに、NISAについては抜本的に制度内容が見直され、2024年から「新NISA」として生まれ変わります。

NISAの非課税投資枠が、さらに拡大されることになったのです。

「新NISA」は、岸田内閣が掲げる「資産所得倍増プラン」の重要な柱の1つです。ただ、私たちの日常生活に直結する食品や日用品の値上げが相次ぐ中、「国民にさらなる負担を強いるのか」と、ややセンセーショナルに報じる向きもあります。

しかし、この批判は少々的外れといえるでしょう。

個人の資産形成を後押しする税優遇制度の拡充は、今や先進国を中心にグローバルスタンダードになりつつあるからです。

NISAはイギリスの制度を、iDeCoは米国の制度をそれぞれ参考にしてつくられています。

じつは、同様の制度がアジア各国でもすでに続々と導入されているのです。

日本だけが特別なのではなく、個人の生き方が多様化している現代社会において、「自分のことは自分で」は、もはや万国共通の概念なのです。

今回の「新NISA」も、政府が閉ざされた空間で勝手に内容を決めたのではありません。様々な分野の有識者と意見交換を重ねながら、年単位の時間をかけて骨格が出来上がりました。

また、NISAの陰に隠れてあまり目立っていませんが、じつはiDeCoも、2022年に3回に分けて制度改正がなされたことで加入対象者が大幅に広がり、「iDeCo全入時代」が到来しています。

政府の最終目標はiDeCoだけでなく、日本人の「NISA&iDeCo全入時代」の実現です。

私は、ファイナンシャルプランナーであると同時に、ファンドアナリストという投資

はじめに

信託の専門家として20年近くキャリアを重ねてきました。

現在は、金融機関に所属しながら個人投資家向けのセミナーに登壇したり、各種のメディアを通じて情報発信を行ったりするほか、有識者のひとりとして外部機関のアドバイザーも務めています。このような立ち位置の人間は、私以外には国内にいないのではないかと思います。

そんな私の視点から見ると、ＮＩＳＡやｉＤｅＣｏについて一般的な理解が十分ではなかったり、間違った理解がされてしまったりということが散見されます。

そういった状況から、今回、筆を執ることになりました。

本書では、ＮＩＳＡとｉＤｅＣｏの基礎知識からオススメの商品、そして商品のオススメの組み合わせ方、アフターフォローまで、「今日からすぐに使いこなせる」という視点で情報を厳選して解説しています。ＮＩＳＡについては、２０２４年から始まる新制度についてもフォローしています。

本書が、少しでも皆さんの資産形成のお役に立てば幸いです。

篠田尚子

第2章 必ずおさえておきたい「投資信託」と「積み立て投資」のキホン

第3章 ズバリ！ プロが太鼓判をおす「投資信託」はコレ！

第4章 NISAとiDeCoを120%使いこなす方法

【特別付録】無料特典の使い方

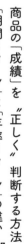

※本書の情報は、本文中で特に断りがない限り、2023年3月末現在のものです。また、本書は投資するうえで参考となる情報の提供を目的に作成しており、本文中のすべての記述は著者の調査結果に基づいていますが、元本や確実なリターンを保証するものではありません。本書を参考にした投資結果について、著者および本書の発行元は一切の責任を負いません。

序章

いよいよ、NISAとiDeCo全入時代に突入！

年金問題にコロナ問題――。私たちのお金は本当に大丈夫？

今、お金に対する不安が急速に高まっています。

２０１９年頃より世間を賑わせている「老後資金２０００万円」問題や、２０２０年から世界的に流行している新型コロナウイルス感染症（ＣＯＶＩＤ-19）などが大きく影響しているのでしょう。

「これから、日本経済はますます悪くなっていくのではないか……」という悲観的な声もよく耳にします。

しかも、以前より公的年金制度の破たんがまことしやかにささやかれています。

このまま少子高齢化が進むと、公的年金制度が破たんしたり、年金受給額がゼロになったりすることまでは考えにくいものの、受給開始年齢が今より遅くなることは避けられません。

老後も、現役時代と同じかそれ以上の生活水準を保とうとするなら、やはり自分自身でお金を貯めて資産をつくる必要があるのです。

「貯蓄から投資へ」という政府のスローガンのもと、iDeCo（イデコ＝個人型確定拠出年金）や、NISA／つみたてNISA（ニーサ＝少額投資非課税制度）といった、個人の資産形成を後押しする税優遇制度が拡充されてきた背景には、こうした事情が大きく関係しています。

そして、じつは、税制優遇制度の拡充の流れは日本だけでなく、欧米アジアの主要先進国でも同じなのです。

NISAとiDeCoは世界的な流れ

「はじめに」でもお話しした通り、NISAはイギリスを、iDeCoは米国をそれぞれ参考にしてつくられています。

語感のよさも相まって、今やすっかり定着した、「NISA（ニーサ）」という呼称ですが、じつはこれはイギリスの個人貯蓄制度である「ISA《アイサ》」の頭文字に、日本版の「N」を付けたものです。

本家のイギリスの「ISA」は、個人の貯蓄や投資を促進する目的で1999年に導入されたイギリス居住者向けの制度です。

ISAでは、日本がお手本にした株式型のほかにも、預金型など複数が用意されており、いずれも税制優遇措置が受けられます。

イギリスの場合、制度開始当初の非課税限度額は、株式型が7千ポンド（約113万円）、預金型が3千ポンド（約48万円）という内訳でした。

その後、何度かの増額を経て、現在は株式型と預金型あわせて2万ポンド（約325万円）の非課税枠が認められています。

当初、イギリスも10年間の期限付きの制度として導入していたのですが、若年層に普及したことなどが評価されたことから、導入9年目に制度が恒久化されました。約10年の年月を経て非課税投資枠が拡大され、制度も恒久化された点は、日本と共通しています。

また、iDeCoを含む、日本の確定拠出年金制度がお手本とした、米国の確定拠出年金制度（401k）は、1970年代後期に制定され、80年代から90年代にかけて普及が進みました。

米国の確定拠出年金制度の詳細については割愛しますが、月々の給料から天引きして拠出でき、加入者に税制面のメリットがあるという点は日本と同じです。

米国は、日本と比べて良くも悪くも雇用の流動性が高いので、転職時に容易に持ち運べて節税メリットを享受しながら老後資産をつくれる確定拠出年金は、米国民の高い支持を集め、急速に拡大しました。

1980〜1990年代にかけて制度に加入し、拠出を続けた「第一期生」には、第二次世界大戦後に誕生した、いわゆるベビーブーマー世代が多く含まれます。

人口の多いこの世代は、２０００年代初頭のＩＴバブルや、２０００年代後半のリーマンショックに直面しながらも、着実に成長を遂げた米国株式市場の恩恵を受け、十分な資産をつくることができました。

こうした「第一期生」の成功体験は、子どもや孫世代にも受け継がれ、完全なインフラと化しています。

このようなイギリスや米国の成功に続くように、現在、オーストラリア、香港、インド、ニュージーランド、メキシコ、チリ、スウェーデン、ポーランドと、地域に関係なく、世界中で導入と活用が進んでいるのです。

日本を含め、大多数の国は任意加入を基本としていますが、たとえば、オーストラリア（スーパーアニュエーション）は強制加入です。

その結果、今や個人金融資産の約半分が、スーパーアニュエーションによって占められるまでに成長しています。

このような世界的な状況を見れば、「自分のことは自分で」という政府の方針に対して「国民にさらなる負担を強いるのか」という批判の報道は少々的外れだということが、よくおわかりいただけるのではないでしょうか。

そして、私たちがお金をただ貯めるだけでなく、「増やさないといけない」理由がもう1つあります。

それは、物価上昇＝インフレ（インフレーション）です。

「インフレ」という言葉は、ほとんどの人が知っていると思います。

ただ、長らく「日本にもインフレがやってくる」といわれながらも、インフレはなかなか起きませんでした。

そのため、ニュースなどで日本にもインフレがやってくると報道されても「どうせ、今度もインフレは起きないだろう」と考えてしまっている人もいるようです。

ところが、日本も原材料価格の高騰や物流コストの上昇を背景に、本当にじわりじわりとインフレが進行しています。

インフレが起きてモノの値段が上がると、私たちのお給料（賃金）が上昇しない限り、今まで買えていたものが同じ金額で買えなくなります。

そこで、各国の中央銀行は、金利を引き上げて、景気の過熱感を冷まし、物価上昇を抑制しようとするのです。

金利が上がると、住宅ローンをはじめ、お金を借りる際の負担は増えますが、お金を貸したり、投資したりする際の見返りも大きくなります。

たとえば、個人向け国債の適用金利は2022年以降、じわりじわりと上昇していま す。これは、投資家にとって朗報です。

また、株式も将来のインフレに対する期待が織り込まれた価格になるので、インフレ時に耐性を発揮します。この点もまた、投資家にとってはプラスの側面です。

ただし、「タンス預金」に代表されるように、お金をただそこに置いておくだけでは、こうした恩恵を受けることができません。

いま100万円を貯めてタンスに入れておいたとしても、20年後30年後に今と同じ100万円の価値で使える保証はないのです。

むしろ、インフレが起きると、お金の価値が事実上目減りしてしまいます。

1990年以降の日本は、モノやサービスの値段が継続して下落するデフレーション（デフレ）の時代だったので、「タンス預金」でも、さほど深刻に捉える必要はありませんでした。

しかし、インフレの時代が来るとなると、そうはいきません。

このように、資産運用は、インフレに対処するために、また、お金が時代の流れに取り残されないようにするためにも重要なのです。

米国で資産運用が根付いているのは、単に個人主義だからというわけではなく、国民全体が恒常的なインフレを経験しているからです。

資産運用をしないと、自分のお金の価値が実質的に目減りしてしまうことを米国民は身をもって体感しているので、資産運用に積極的な人が多いということなのです。

ＮＩＳＡと·ｉＤｅＣｏって、本当に危なくないの？

「投資＝自分の資産が減る可能性がある危険を伴う行為」

このようなイメージを持っている人が多いようです。

あくまで投資なので、もちろん損をする可能性はゼロではありません。

ただ、「損をする可能性」という点において、·ｉＤｅＣｏやＮＩＳＡの制度に不安を覚えるのであれば、過度に心配する必要はあまりないといってもよいでしょう。

というのも、米国やイギリスですでにインフラと化している事実からもわかるように、両制度には、投資初心者が過度なリスクを取ることのないよう、各種の工夫が凝らされているからです。

１つは、選択可能な商品の範囲です。

ｉＤｅＣｏは、運営管理機関によって、長期の資産形成に適した商品が、理由とともに選定されています。

NISAも、リスクが高い商品は対象外になっています。商品に関する知識が決して豊富でない投資初心者がハイリスクな商品を選んでしまうことがないよう、最初から選択肢には一定の条件が設けられているのです。

もう1つは、半ば強制的に積み立て投資を強いられることで、自然と時間分散が実現できるという点です。

iDeCoもNISAも、長期にわたり積み立て投資を行うことを前提とした制度です。投資に充てる時間を十分に確保できるなら、損失を被るリスクを低減できる積み立ては、有益な投資方法なのです。

制度の詳しい内容については後述しますが、特にiDeCoの場合は、制度設計上、60歳まで資金を引き出せないため、長期投資に専念することが得策といえます。

NISAは途中で資金を引き出すことができるものの、原則は、無理のない金額でコツコツ積み立てを続けることです。

「そんなのカンタン！」と思う人が多いと思いますが、積み立てを続けるというのは意外と忍耐が試されるものなのです。

積み立てをやめたくなるパターンには2種類あります。

1つは、思うように結果が出ないパターンです。

もう1つは、反対に、順調に含み益が増え、利益確定をしたくなるパターンです。

グッとこらえて、とにかく続ける――。

これこそが、長期積み立て投資を着実に成功させる、最も単純な方法です。

というのも、積み立て投資では、開始当初よりも終盤期の成績のほうが、資産の増え方に与えるインパクトが大きいためです。

1つ目のパターンのように、思うように結果が出なくても焦る必要はありません。インデックス型の場合、利益が積み上がっていることを実感するまでには、2～3年程度を要することもあります。

アクティブ型の場合も、市場平均（インデックス）を大幅に下回るような成績の低下でなければ、積み立てを続けてよいでしょう。

なお、積み立ての終盤期の成績が与える影響については、第2章でクイズとともに解説します。

2つ目のパターンのように、利益確定をしたいという衝動にかられることもあるでしょう。

しかし、インデックスファンドで積み立てを実践している場合は、小刻みに利益確定をすることはオススメしません。

というのも、インデックスは市場全体への投資ということであり、「世界経済は長い目で見れば拡大していく」という前提に基づいているからです。

利益確定を行うことにより、途中で事実上「離脱」してしまうと、その資金はやはり投資機会を奪われた状態になってしまいます。

インデックス型の場合は、タイミング投資に走るのではなく、市場に「居続ける」ことが何よりも重要です。

投資信託で利益確定をしてもよいケースとしては、おおむね20%以上のリターンが出ていて、かつ次に投資したい先がある場合です。

このようなケースは、おもにアクティブ型で、その中でも、特定のテーマや業種に沿って銘柄を選定しているタイプの商品に限られます。

積み立て投資でやってはいけない2つのこと

思うように結果が出ないからといってすぐにやめる

利益がぜんぜん出ないから、つまらない…

インデックス型の商品の場合、最低でも2～3年は続けることが大切。アクティブ型の商品の場合も、市場平均（インデックス）を大幅に下回っていない限りは続けたほうがよい。

利益が少しでも出るとすぐに利益を確定させようとする

¥
よーし！利益が出たからすぐに売却してしまおう!!

インデックス型の商品の場合、小刻みに利益を確定させるよりも、市場に「居続ける」ことが大切。

何年で、どれくらいお金が増えれば資産運用は成功？

資産運用の世界では、高いリターンを追求することは、必ずしもいいこととは限りません。なぜなら、リターンとリスクは表裏一体の関係だからです。

最初から高いリターンを追求しようとすれば、自ずと相応のリスクを取る必要が出てきてしまいます。

2021年頃までは緩和的な金融政策の影響により、世界の株式市場がおおむね右肩上がりで上昇を続けていました。

さらに円安も加わったことで、海外株式のインデックス型と呼ばれる商品を保有していれば、投資初心者でも1年間で何十パーセントという高いリターンをあげる状況が続きました。

しかし、前述の通り、2022年以降、世界の中央銀行は利上げに舵を切っており、株式市場にも試練が訪れています。

今後の株式市場の動向を正確に言い当てることは難しいですが、少なくとも、2020～2021年頃のように、「年間何十パーセント」というリターンを期待することは難しいと思われます。

むしろ、大規模な金融緩和策によって押し上げられたコロナ禍の株式市場は、異例ずくめの動きであったと考えたほうがよいでしょう。

一般的に、長期で見たときの世界株式の期待リターンは7％（年率）程度といわれていますが、この数字は、一定のインフレ率も考慮されています。

前述のような高いリターンを経験してしまうと、年3～4％程度のリターンなど誤差の範囲と思ってしまうかもしれません。

しかし、この「3～4％程度」こそが、期待インフレ率に相当するリターンの水準なのです。

言い換えれば、3～4％程度のインフレに負けない程度のリターンを確保できれば、資産運用としては十分合格点ということなのです。

iDeCoやNISAは長期投資が原則なので、世界株式と同じ7％程度を目標リターンとするのが理想ですが、もう少しリスクを抑えて、5％程度でもよいでしょう。

ここで1つ注意したいのは、最大瞬間風速的に何十パーセントのリターンを獲得しているような商品です。

市場平均を大幅に上回るリターンを記録する商品というのは、リターンの源泉が特定の銘柄や業種に偏っている傾向にあります。

そのため、潮目が変わると、一気に成績が悪化し、その後なかなか回復できないという事態に陥ることがあります。

投資信託をはじめ、金融商品の価格は、一度急落すると、再び同じ水準まで戻すために下落率以上のエネルギーと時間を要します。

たとえば、基準価額1万円の投資信託が25％下落すると7500円になりますが、ここから再び25％上昇しても、1万円にはなりません。

7500円の投資信託の基準価額が1万円まで回復するには、33％以上のリターンが必要になります。

このように、長期資産形成においては、瞬間風速的に高いリターンを獲得して、その後長く低迷が続くよりも、インフレに対処できる程度のリターンを着実に獲得し続ける

期待するリターンの目安（年率）

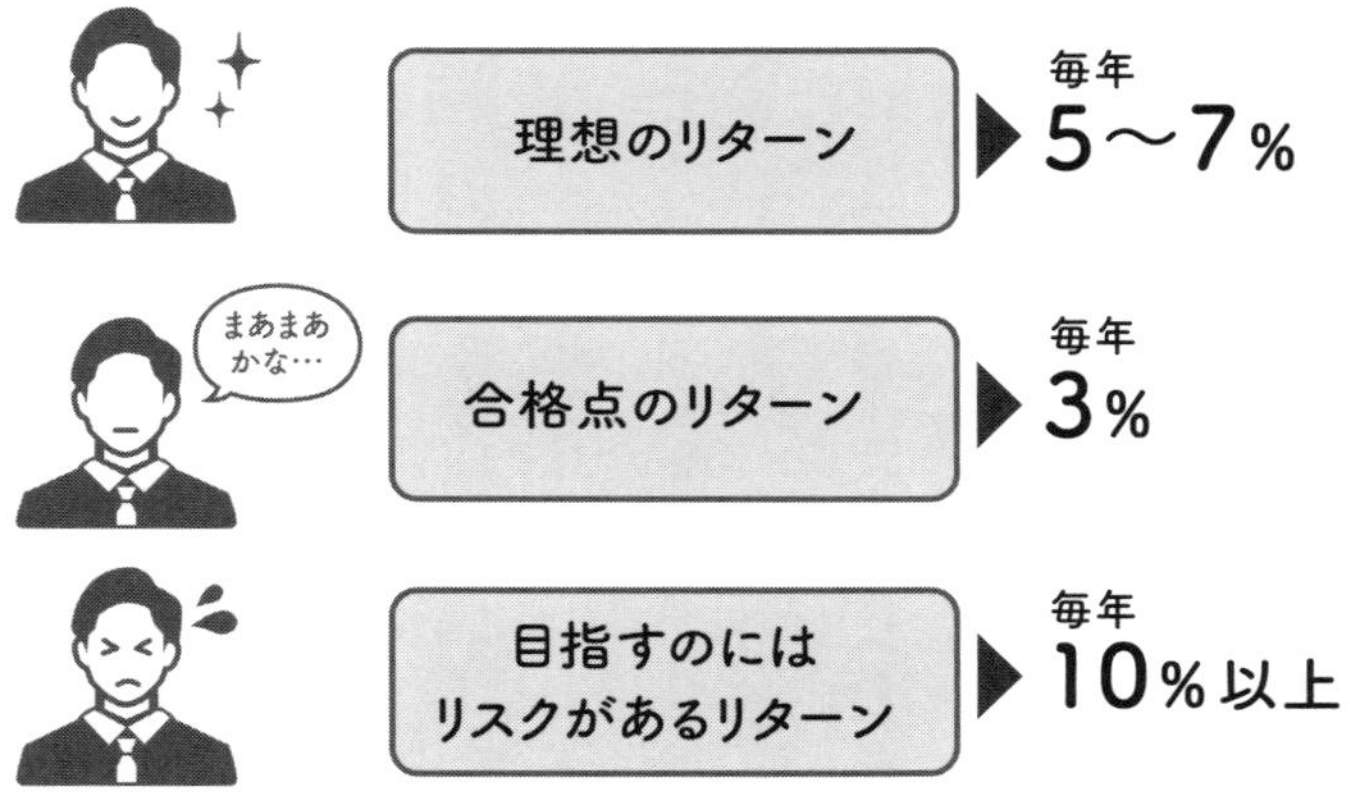

ことのほうが大切なのです。

繰り返しになりますが、重要なのは、「3～4％程度のインフレに負けない程度のリターン」を毎年着実に積み重ねていくことです。投資の世界では、このような「1年あたりのリターン」のことを「年率リターン」といいます。年率リターンの考え方については、第3章で詳しく解説します。

「新NISA」開始にあたってすでにNISAを始めている人はどうすればいい？

新NISAの開始を前に、まだ現行のNISA口座を開設していないという人は、今年中にNISA口座を開設し、資産運用の準備運動をしておくことをオススメします。

なぜなら、新NISAは現行制度の改良版ではあるものの、別制度としてスタートするため、すでに現行のNISA口座を開設していても、2024年から全員一律で新たに総額1800万円の非課税枠が与えられるからです。

ただし、2023年にNISA口座で取引した株式や投資信託を新NISA口座へ移すことはできません（一般NISA口座での取引は、2027年まで一般NISA口座で継続して非課税運用ができます。また、つみたてNISA口座での取引は、2042年までつみたてNISA口座で継続して非課税運用ができます）。

したがって、2024年以降は、「旧NISA」と「新NISA」という2つのNI

SA口座が併存する形になりますが、それでもなお、非課税枠を拡大できる点にはメリットがあるでしょう。

なお、現行NISAから新NISAへの移行の手続きは、金融機関によって対応が異なります。

たとえば、楽天証券では現行のNISA口座を開設している場合、手続き不要で2024年から新NISA口座での取引をスタートできる予定です。

すでにNISA口座を開設している場合、口座がある取引金融機関に移行手続きの詳細を確認するとともに、新NISAをどの金融機関で開設するかどうかを検討しておきましょう。

新NISA口座を開設できる金融機関は1つのみで、年単位でしか変更できません。

また、新NISAは、投資できる商品の幅が広がるので、なるべく取り扱い商品の多い金融機関を選ぶことをオススメします。

「総合取引口座」開設の手順（NISAも同時申し込み可能）

※楽天証券の場合

【事前に準備するもの】
・本人確認書類　・マイナンバーカード

開設／加入手続き（最短翌営業日～5営業日程度）

step 1
楽天証券のホームページ内の「口座開設」ボタンより申し込み

step 2

スマホで本人確認	書類アップロードで本人確認
運転免許証または個人番号カードを利用	パソコンから本人確認書類（運転免許証・個人番号カード以外のもの）を利用

step 3

氏名・住所などの本人情報を入力し、パスワードを設定	氏名・住所などの本人情報を入力

step 4

ログインIDの受け取り（メール）	ログインIDと初期パスワードを郵送で受領

手続き完了後

初期設定とマイナンバーを提出する※

※step2の「スマホで本人確認」において、運転免許証を利用している場合、ここでマイナンバーカードを提出する

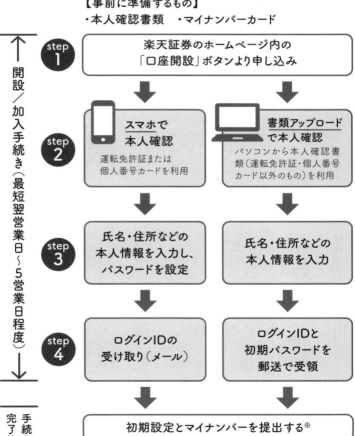

iDeCo開設の手順

※楽天証券の場合

【事前に準備するもの】
・基礎年金番号（年金手帳・年金定期便・ねんきんネット等で確認可）
・本人確認書類（総合取引口座を開設していない場合）

開設／加入手続き（1～2か月程度）

申込書（紙面）で申し込む場合
・運営管理機関を変更する場合
・第2号被保険者（会社員・共済組合員）
・任意加入被保険者
・再加入手続きの場合

step 1 申込書（紙面）で申し込み
↓
step 2 楽天証券のウェブサイトで加入者情報を入力した後、申込書を請求
↓
step 3 申込書類に必要事項を記入し、「事業主の証明書」とともに返送
↓

ウェブで申し込む場合
・第1号被保険者（自営業、学生等）
・第3号被保険者（専業主婦・主夫）

ウェブで申し込み
↓
楽天証券のウェブサイトで加入者／申込者情報を入力
↓

手続き完了後
各種書類到着後、初期設定と掛金の配分指定を行う

第1章
これだけ！NISAとiDeCoのキホン

iDeCoのキホン❶

確定拠出年金は「個人型」と「企業型」の2種類

確定拠出年金には、「個人型」と「企業型」の2種類があります。

このうち、「個人型」のほうにiDeCo（イデコ）という愛称がつけられています。

確定拠出年金とは私的年金の一種で、より豊かな老後を送るために、公的年金に加えて任意で加入できる、「上乗せ」年金です。毎月自分でお金を出して（拠出）、その資産の運用法を自分で指示するのが特徴です。

つまり、老後のための積み立て貯金の上に資産運用の要素が加わるイメージです。私的年金なので、加入はあくまでも任意です。

しかし、近年は、1つの企業で定年まで勤め、数千万円単位の退職金を受け取るケースが一般的ではなくなっているほか、企業年金制度自体を廃止する企業も増えているので、可能な範囲で年金資産の準備を始めることをオススメします。

個人型と企業型の違い

	個人型（iDeCo）	企業型（企業型DC）
運営主体	国民年金基金連合会	企業型確定拠出年金規約の承認を受けた企業
加入可能年齢	65歳まで	最大70歳まで（企業により異なる）
積み立て可能期間		
年金資産の受給方法	一時金（一括）または年金（分割）方式から選択	
年金資産の受給開始年齢	60歳（加入者資格喪失後）から75歳までの間で選択	
加入手続き	個人で金融機関を通して行う	会社を通して行う
運用商品	金融機関が選定したラインナップ	会社が選定したラインナップ
掛金の負担	加入者本人	事業主（会社）
費用負担		
所得控除を受けるための年末調整／確定申告	必要	不要

iDeCoは、個人型の確定拠出年金を指す呼び名。
ただし、制度の内容自体は個人型も企業型もほぼ同じ。

勤務先が企業型確定拠出年金を導入している会社員の場合、「企業型」にすでに加入していることになります。「企業型」に加入していない会社員、公務員、自営業者、専業主婦（夫）などは、自分で「個人型（＝iDeCo）」に加入します。

本書では個人型を前提にしますが、基本的な制度のしくみは、企業型・個人型ともに同じです。「年金」と聞くと、小難しく感じてしまうかもしれませんが、ステップは3つだけです。

【ステップ❶掛金（拠出）】～加入者自身が原則毎月掛金を支払う～

あらかじめ指定された口座から毎月資金が引き落とされるので、都度手続きは必要ありません。掛金は月5000円（ネット証券の場合）から1000円単位で選べ、年1回に限り変更可能です。国民年金の加入種別（自営業者は第1号被保険者、公務員・会社員は第2号被保険者、第2号被保険者に扶養されている配偶者は第3号被保険者）によって上限金額があります。掛金の拠出は現在、65歳に到達するまで認められています。

【ステップ❷運用】～投資先を指定（運用指図）して、資金を積み立てる～

iDeCoの3ステップ

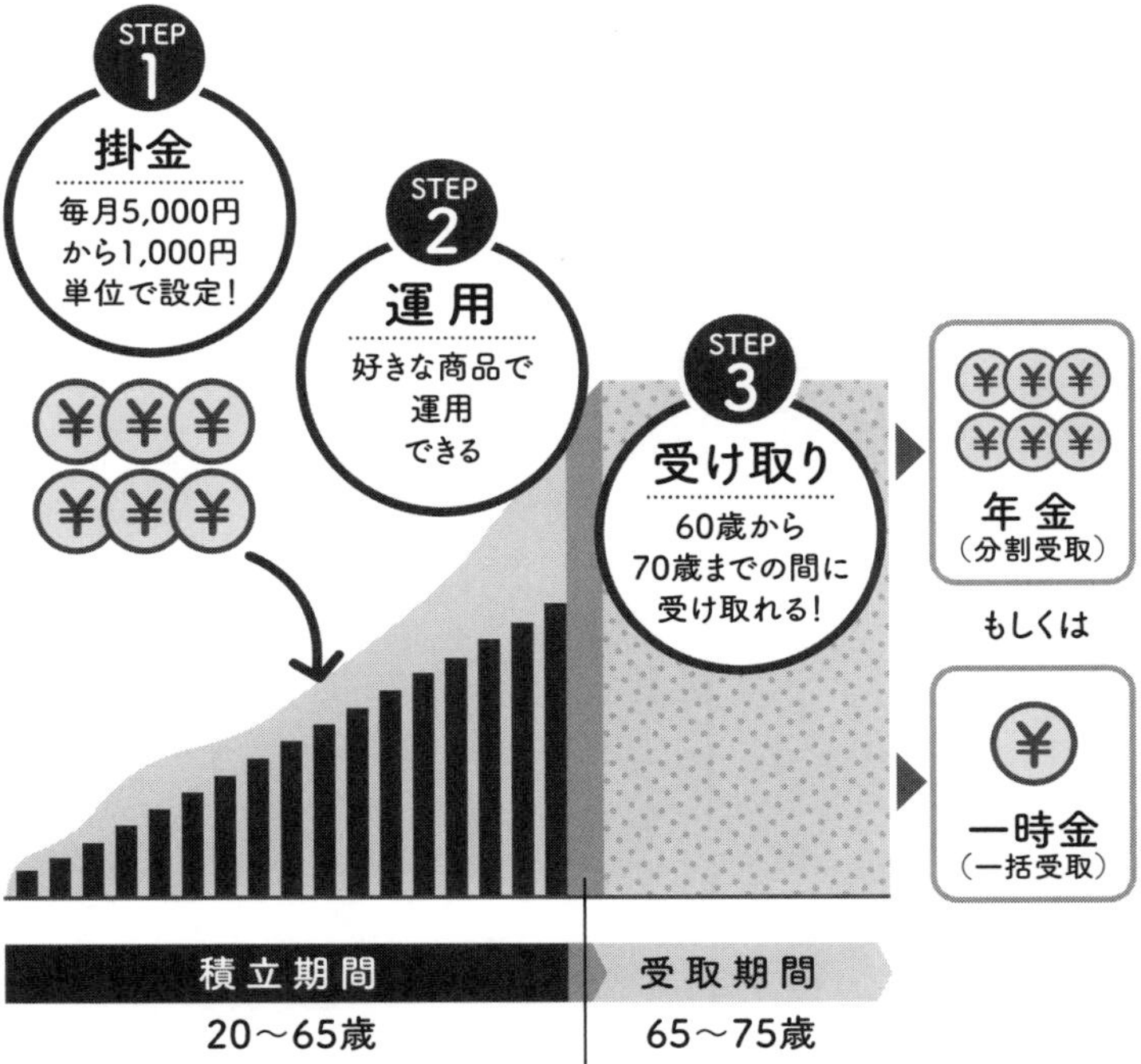

第2号被保険者または任意加入被保険者であれば、60歳から65歳になるまで掛金を拠出することができる。

投資信託のほか、定期預金や保険も運用商品として選択できます。複数の組み合わせも可能です。指定した運用商品が指定した割合で自動的に買い付けられるので、都度手続きは必要ありません。なお、選択した商品はライフプランに応じて変更できます。

【ステップ❸受け取り】～60歳以降75歳までの間に、積み立てた資金を一括または年金として分割して受け取る～

原則として60歳以降に給付請求することで、積み立てた金額を老齢給付金として受け取れます（ただし、60歳時点でｉＤｅＣｏの加入者期間が10年に満たない場合、支給開始年齢が引き伸ばされます。60歳以降に新たに加入者となった場合は加入者資格取得日から5年以降に請求可能になります）。

受け取り方法は老齢年金方式です。5年以上20年以下の期間での受け取り、または老齢一時金として一括での受け取りを選択できるほか、年金と一時金を組み合わせて受け取ることも可能です。なお、受け取り方法は、60歳以降、実際に受け取るときに決めればよいので、加入段階で指定する必要はありません。

国民年金の加入種別掛金限度額

掛金限度額	第1号 被保険者	自営業者とその家族 （国民年金基金の掛金、 または、国民年金の 付加保険料と合算）	年81万6,000円 （6万8,000円／月）
		学生	
	第2号 被保険者	60歳未満の 厚生年金保険の被保険者 （企業年金なし）	年27万6,000円 （2万3,000円／月）
		企業型確定拠出年金 のみ加入	年24万円 （2万円／月）
		企業型確定拠出年金と 厚生年金基金、 確定給付企業年金に加入	年14万4,000円 （1万2,000円／月）
		公務員など	
	第3号 被保険者	厚生年金や共済組合に 加入している人の 被扶養配偶者 （専業主婦、主夫）	年27万6,000円 （2万3,000円／月）
	任意加入 被保険者	65歳未満の海外居住者、 60歳以上65歳未満の人 など	年81万6,000円 （6万8,000円／月）

※著者作成

iDeCoのキホン❷

iDeCo最大のメリットは「３段階の節税」！

iDeCoの最大の魅力は、なんといっても節税効果です。

iDeCoでは、前項で解説した３つの段階にわたって税優遇を受けられます。順番に見ていきましょう。

【段階❶拠出時】掛金は全額所得控除

３段階の中で、最も大きな節税効果を期待できるのが、掛金の拠出時です。

iDeCoの掛金は、原則全額が「小規模企業共済等掛金控除」として所得控除となります。文字通り、年間の所得から控除でき、結果として所得税・住民税の負担が減ります。

たとえば、企業年金のない会社員（第２号被保険者）が、満額の月２万３０００円を拠出していた場合、年27万６０００円全額が、所得金額から控除されます。仮に年収が５００万円だった場合、年間で５万５２００円程度節税できます。

掛金を拠出している間は所得控除をずっと受けられるので、長期になるほど節税効果は大きくなります。ｉＤｅＣｏの掛金は、年に１回限り変更できますが、掛金を減額すると、節税額も少なくなります。このため、上限額いっぱいで始めて途中で息切れしてしまうよりも、拠出は「細く長く」確実に続けることをオススメします。節税額の詳しいシミュレーションは、本書の無料特典で行えます。ぜひお試しください。

じつは、控除を受けるための手続きはとても簡単です。

確定申告の必要がない会社員や公務員であれば、年末調整だけで終了します。

毎年10月末から11月初旬に、国民年金基金連合会から、圧着はがきの形式で「小規模企業共済等掛金払込証明書」が届きます。この書類をなくさないように保管しておいてください。年末調整の書類に必要事項を記入し、証明書とあわせて提出すれば、手続き完了です。

自営業者をはじめとして確定申告をしている人は、確定申告書の「所得から差し引かれる金額」という枠内にある「小規模企業共済等掛金控除」の項目に掛金の総額を記入します。

なお、ｉＤｅＣｏの所得控除を利用できるのは、掛金を負担している本人だけです。

厚生年金や健康保険の保険料などの社会保険料は、本人以外の配偶者・扶養家族の負担を「社会保険料控除」として世帯で合算し、控除できます。

しかし、ｉＤｅＣｏの掛金は、「社会保険料控除」ではなく、「小規模企業共済等掛金控除」に該当するため、個人単位で控除を受けることになります。

家族で夫と妻の双方がｉＤｅＣｏに加入している場合、それぞれが年末調整または確定申告で控除を受ける必要があることを覚えておきましょう。


【段階❷運用時】運用で生じた利益は非課税

ｉＤｅＣｏ内で保有する投資信託の売却益や分配金、定期預金の利息は、全額非課税（通常は税率20・315％）になります。

投資信託の運用益が非課税になる点はＮＩＳＡと同じですが、ＮＩＳＡが預金を対象外にしているのに対し、ｉＤｅＣｏは預金の利息も非課税となります。

「ｉＤｅＣｏの中で保有・運用する商品には一切税金がかからない」と覚えておけば問

題ありません。

【段階❸受け取り時】一時金または年金、どちらを選択しても控除あり

最後は、年金を受け取るときについてです。

iDeCoで積み立てた資金を一時金として受け取る場合は「退職所得控除」、年金形式で受け取る場合は「公的年金控除」を使うことができます。

控除額の計算時に必要な退職金や公的年金の金額によって、どちらがお得になるかは異なります。

受け取り方法と受給開始のタイミングを決めるのは、iDeCo以外の退職所得のほか、公的年金の受給額がある程度わかった段階でも遅くありません。

ひとまず、現時点では、「受け取り時も節税効果が期待できる」とだけ覚えておけばよいでしょう。

ここで、「iDeCoはメリットばかりのようだけど、本当にデメリットはないのか」とかえって不安に思う人もいるかもしれません。

iDeCoのデメリットをあえて挙げるとすれば、年金ゆえに、60歳まで資金の引き出しができない点です。

「結婚費用が必要だから」「住宅購入資金が必要だから」などの理由で国民年金や厚生年金を取り崩せないのと同様に、加入者の個人的な事情で資金を引き出すことは認められていません。iDeCoは、老後の所得保障を目的とした制度のため、手厚い税優遇を認める代わりに、流動性に制約が設けられているのです。

したがって、「iDeCo＝超長期運用」と割り切ったほうが、腰を据えて資産形成できます。

なお、NISAならいつでも資金を引き出せるので、流動性を確保しておきたい資金については、NISAで運用することをオススメします。

この点も含め、NISAの制度概要と活用法については後述します。

iDeCoのキホン❸

iDeCoは「元本変動型」と「元本確保型」の2種類

iDeCoでは、加入者自身で配分指定した商品で運用が行われます。加入したら、運用商品を選ぶと同時に、掛金の配分割合を指定する必要があります。たとえば、毎月の掛金が1万円の場合、商品Aを5000円分買いたいときは商品Aを50%買うと指定します。

掛金が引き落とされた後、指定した配分割合にしたがって運用商品が購入されるしくみです。配分割合は1%単位で指定でき、合計が100%になるように指定します。

肝心の運用商品は、投資信託のほか、預金や保険も選択でき、両者を組み合わせることも可能です。

iDeCoでは、価格変動のある投資信託を「元本変動型」、預金や保険のように原則として元本が保証されている商品を「元本確保型」と呼びます。

iDeCoで選択できる商品は2タイプ

元本確保型

あらかじめ決められた金利で運用され、満期時に元本と利息が確保される安全性の高い商品。

↓

定期預金

元本変動型

運用状況に応じて元本の変動がある商品。現行の制度では、事実上、投資信託のことを指す。

↓

投資信託

詳しくは後述しますが、iDeCoはどの金融機関（運営管理機関）で加入しても、国民年金基金連合会や事務委託先向けの所定の事務手数料がかかるので、昨今の低金利環境を考慮すると、定期預金や保険などの元本確保型商品だけでは、負担した手数料を賄えるほどの利息収入が確保できません。

まずは一部だけでもいいので、元本変動型の投資信託に振り分け、時間をかけて着実にリターンを積み上げていくことをオススメします。

iDeCoのキホン❹

関係機関と手続き

iDeCoには、複数の機関が関わっています。

これは、iDeCoが年金制度であるがゆえの特徴です。

ここでは、重要な3つの関係機関について解説します。

1つ目は、iDeCoの実施主体である「国民年金基金連合会」です。「国基連《こっきれん》」という略称で呼ばれることがあります。国民年金基金連合会は、厚生労働省の認可を受けて設立されており、確定拠出年金法に基づき、iDeCoの規約の作成や、加入者の資格の確認などの業務を行っています。

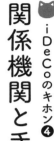

国民年金基金連合会からは、加入手続き完了時に「個人型年金加入確認通知書」が、毎年10月末から11月初旬に「小規模企業共済等掛金払込証明書」が、それぞれ届きます。

前述の通り、「小規模企業共済等掛金払込証明書」は、所得控除を受けるために必要になる大切な書類なので、年末調整、または確定申告をするときまで大切に保管しておいてください。

2つ目の関係機関は、iDeCoの記録関連業務を担う「レコードキーパー」です。iDeCo加入者の各種の記録は、レコードキーパーとも呼ばれる民間の専門機関で管理されています。

たとえば、楽天証券は「日本インベスター・ソリューション・アンド・テクノロジー株式会社（JIS&T社）」、SBI証券は「SBIベネフィット・システムズ」という機関がそれぞれレコードキーパーとして加入者の資産の記録・管理を行っています。

加入後、レコードキーパーから「パスワード設定のお知らせ」等、初期設定に必要な書類が届きます。届いたらすぐに開封して、早めに初期設定を行いましょう。

なお、皆さんが実際にiDeCoの加入申し込みを行う金融機関は、国民年金基金連合会とレコードキーパーをつなぎ、加入者の窓口の役割を担っています。具体的には、加入申し込みの受付や運用商品の選定・情報提供などを行います。これが、「運営管理機関」と呼ばれる3つ目の関係機関です。筆者が所属する楽天証券もその1社です。

様々な機関が関わっているiDeCoですが、加入者のための問い合わせ窓口は、原則として運営管理機関である金融機関に集約されています。疑問点が出てきた場合の問い合わせのほか、次のようなケースも運営管理機関で必要な手続きをしてください。

(1) 氏名・住所等の登録個人情報に変更があったとき
(2) 転職したとき
(3) 被保険者区分に変更があったとき
(4) 掛金額の変更や停止をしたいとき
(5) 掛金の引落口座や金融機関を変更したいとき

これらの手続きは、原則書面で行われます。運営管理機関が窓口になり、国民年金基金連合会で受付・登録後、レコードキーパーにも情報が登録されます。郵送に要する時間も含め、一連の関係機関での手続きには相応の時間がかかるので、届出事項に変更事由が生じた場合、速やかな手続きをオススメします。

iDeCoのキホン⑤

「口座管理手数料」が0円の金融機関を選ぶ！

NISAは、手数料のかからないケースがほとんどです。

ただ、iDeCoは前述の関係機関に対して、加入時、加入中、給付を受ける際などに手数料がかかります。

手数料は、iDeCoの加入窓口である金融機関（運営管理機関）が独自に設定できる変動部分と、どの金融機関を選んでも確実にかかる固定部分に分けられます。

固定部分は、iDeCoの運営主体である国民年金基金連合会と、事務委託先金融機関である信託銀行に対して払う手数料を指します。

変動部分の代表格は、運営管理機関が毎月徴収する「口座管理手数料」です。最近、ネット証券を中心に口座管理手数料を一律0円とするケースが増えています。

iDeCoは、何十年という長期スパンで付き合うことになります。そのため、定期的にかかるコストは、なるべく安く抑えるに越したことはありません。

たとえば、大手銀行の中には、運営管理機関として徴収する口座管理手数料を「月額385円」にしているケースもあります。

仮に30年間、毎月385円の手数料を払うと、合計で13万8600円（385円×12カ月×30年）。手数料0円の金融機関と比べると、この手数料だけで約14万円の差が生まれます。

したがって、iDeCoに加入する際は、毎月かかる口座管理手数料が0円の金融機関を選ぶことが鉄則です。

一方、「確実にかかる」固定部分には、3種類の手数料が存在します。

1つ目は、加入初年度に国民年金基金連合会に払う2829円の「加入時手数料」です。2つ目は、加入後の月額105円（年額1260円）の「国民年金基金連合会向け手数料」、3つ目は、月額66円（年額792円）の「事務委託先金融機関向け手数料」が、どの金融機関に加入してもかかります。

iDeCoの一般的な手数料

加入時手数料（※1）

支払い先	加入者	運用指図者
国民年金基金連合会	初回のみ2,829円	

口座管理手数料

支払い先	加入者	運用指図者	給付時
運営管理機関	運営管理機関によって異なる（最低0円）		
事務委託先金融機関（※2）	年792円～（66円／月）		給付の都度440円
国民年金基金連合会	年1,260円～（105円／月）	—	—

※1　一部、国民年金基金連合会分に上乗せして加入時手数料を徴収する運営管理機関もある
※2　事務委託先金融機関の手数料は一般例
各運営管理機関の公表データに基づき筆者作成

毎月掛金を拠出する加入者の場合、年1260円+792円=2052円、掛金をゼロにして運用だけを行う運用指図者でも、年合計792円の事務委託先金融機関向け手数料が、年金資金から継続的に差し引かれることになります。つまり、負担した手数料分だけ、年金資産はマイナスになります。

この手数料相当分を運用で「挽回」できないと、節税メリットは享受できても積み立てた資産が事実上目減りしてしまうのです。

NPO確定拠出年金教育協会が運営するウェブサイト「iDeCoナビ」(http://www.dcnenkin.jp/)では、運営管理機関を比較できます。ポイントは、「運用期間中かかる費用(毎月)」という欄に記載されている金額です。

手数料が最も安い運営管理機関は、口座管理手数料が0円で、「確実にかかる」手数料が、積み立てを行う加入者で月額171円、積み立てを行わない運用指図者で月額66円です。

今後、iDeCoの様々な手続きの電子化が進めば、固定部分の手数料も引き下げられる可能性は十分にあります。具体的な時期を明言するのは難しいですが、この議論はかねてからなされており、また、利用頻度の高い手続きについてはすでに電子化が始まっていることから、そう遠くないうちに実現するでしょう。

NISAのキホン❶

NISAは3つある

NISAとは、毎年一定金額内の範囲で金融商品に投資し、利益が出た場合に通常20・315%かかる税金がまるまるゼロになるという口座です。

「投資」によって得られた利益が「非課税」になる制度であることから、正式名称は「少額投資非課税制度」といいます。「一定の条件下で購入した商品について税優遇が受けられる」という意味で、空港などの免税店をイメージするとわかりやすいかもしれません。

NISAには、2014年から始まった従来型の「一般NISA」と、2018年から始まった「つみたてNISA」に加え、未成年者向けの「ジュニアNISA」の3つがあります。近年は、より初心者向けのつみたてNISAの人気が高くなっていますが、2023年をもって「一般NISA」と「ジュニアNISA」が終了します。そして、2024年より新しいNISA制度（新NISA）が開始します。

3つのNISA

	一般NISA	つみたてNISA	ジュニアNISA
対象者	日本にお住まいの18歳以上の方 ※口座を開設する年の1月1日現在		日本にお住まいの17歳以下の方 ※口座を開設する年の1月1日現在
購入方法	一括・積み立て	積み立て	一括・積み立て
口座開設可能数	1人1口座 （一般NISAとつみたてNISAの併用は不可）		
年間投資上限額	120万円	40万円	80万円
非課税となる期間	最長5年	最長20年	最長5年
最大利用可能額	600万円	800万円	400万円
対象商品	国内株式・外国株式・投資信託 ※金融機関により異なる	国が定めた基準を満たした投資信託	国内株式・投資信託 ※金融機関により異なる
非課税対象	対象商品にかかる配当金・分配金、売却益		
投資可能期間	2023年12月末まで	2042年12月末まで	2023年12月末まで

一般NISAとジュニアNISAは2023年末で廃止されるが、これまでに購入した分については、2024年以降も非課税期間分は継続される。つみたてNISAは2042年末まで制度は実施されるが、2024年以降は新規の購入はできない。

NISAのキホン❷

「新NISA」3つのポイント

新旧のNISA制度について、ポイントを3点に分けて解説します。

【新NISAのポイント❶】制度の恒久化と非課税期間の無期限化

元々、NISAは租税特別措置として時限的に導入されたため、一般NISAは2023年まで、つみたてNISAは2042年までと、利用できる期間が限定されていました。

口座を開設する時期によっては非課税枠に差が出てしまうことが指摘されていましたが、2024年からは制度自体が恒久化されるので、今後はこうした不公平感は解消されます。

また、現行の一般NISAでは、5年の非課税期間終了後に非課税期間を延長するには、翌年の枠を使用し、資産を移し替える「ロールオーバー」と呼ばれる手続きが必要になりますが、非課税期間が無期限化されたことにより、ロールオーバーの煩雑な手続きも不要になります。

【新NISAのポイント❷】年間投資枠（非課税限度額）の引き上げ

現行のNISAでは、「一般」と「つみたて」の併用ができず、いずれかを選択しなければなりませんでした。

一方の新NISAは、「つみたて投資枠」と「成長投資枠」の2つで構成され、実質的に両者の併用が可能になります。要は、従来の「一般NISA」と「つみたてNISA」を一緒に利用できるのです。

それぞれの年間投資枠は、「つみたて投資枠」が年120万円、「成長投資枠」が年240万円になり、合計で年360万円まで投資上限額が引き上がります。各枠の使用方法と対象商品については次項で解説します。

新NISAの内容

項目	新NISA	
	つみたて投資枠	成長投資枠
制度実施期間	2024年1月～制度恒久化	
制度選択	**併用可**	
非課税投資枠の管理	生涯非課税限度枠（総枠）を管理 簿価ベース（=取得価額）	
最大利用可能額	**1,800万円**	内数として**1,200万円**
年間投資上限額	**120万円**	**240万円**
投資可能期間	**無期限**	
加入可能年齢	18歳以上	
購入方法	積み立て	一括・積み立て
対象商品	つみたてNISAと同じ （予定）	株式・投資信託 （一部対象除外あり）
非課税保有期間	**無期限**	
ロールオーバー（移管）	つみたてNISAから 不可	一般NISAから 不可

新NISAの最大の特長は、「投資可能期間」と「非課税保有期間」が無期限になること。

【新NISAのポイント③】生涯非課税限度額の設定

新NISAでは、1人あたり1800万円の「生涯非課税限度額」が設定されます。文字通り、この非課税限度額は生涯にわたって利用可能で、「簿価（＝取得価額）」で総枠を管理します。

簿価管理のメリットは、保有する金融商品の売却時に「簿価」が減少するので枠を再利用できることです。

現行制度は買付金額ベースで総枠が管理されているため、保有商品の売却で空いた投資枠が復活することはなく、再利用もできません。

しかし、新制度では投資枠が復活するため、運用商品の見直しや、まとまったお金が必要になったタイミングで引き出すことも含め、ライフイベントに応じた柔軟な対応ができるようになります。

つまり、「使いながら増やす」ことが可能になるのです。

なお、「成長投資枠」の非課税限度額は1200万円で、1800万円の内数としてカウントされます。

この部分は、買付方法が積み立てに限定されないため、まとまった資金の投資に活用できます。対象商品には投資信託だけでなく、株式も含まれます。

　このように、「新ＮＩＳＡ」は単に非課税限度額が引き上げられただけでなく、従来の制度のデメリットとして指摘されていた非課税枠の再利用ができるようになるなど、利便性が格段に向上します。

　つみたてＮＩＳＡは、制度上の制約により、良くも悪くも「ひたすら積み立ててほったらかし」にするほかありませんでしたが、新ＮＩＳＡでは、年齢やライフプランに応じた対応が可能になります。

　ちなみに、ＮＩＳＡは、あくまでも証券会社や銀行に開設する口座の1つなので、新旧制度ともに口座開設に伴う手数料の負担はありません。

　ただし、口座内で保有する金融商品については、ｉＤｅＣｏと同様、間接的に手数料がかかります。

NISAのキホン❸

「新NISA」の最大利用可能額は1800万円

前項で説明した通り、「新NISA」は、「つみたて投資枠」と「成長投資枠」の2つで構成されます。

最大利用可能額（生涯非課税限度額）は、両者合わせて1800万円です。

このうち、「成長投資枠」には1200万円の限度額が設けられています。

毎年の限度額は、「つみたて投資枠」が120万円、「成長投資枠」が240万円です。

「つみたて投資枠」は、読んで字のごとく、現行のつみたてNISAのように、原則として毎月一定額を長期資産形成に適した投資信託で積み立てていくための枠です。対象商品については、現行のつみたてNISAで採用されている商品の条件に基づき、インデックス型中心のラインナップになるとみられています。

一方、「成長投資枠」は、現行の一般NISAと同様、積み立て・一括投資ともに可能で、

新NISAの利用可能額1800万円の内訳

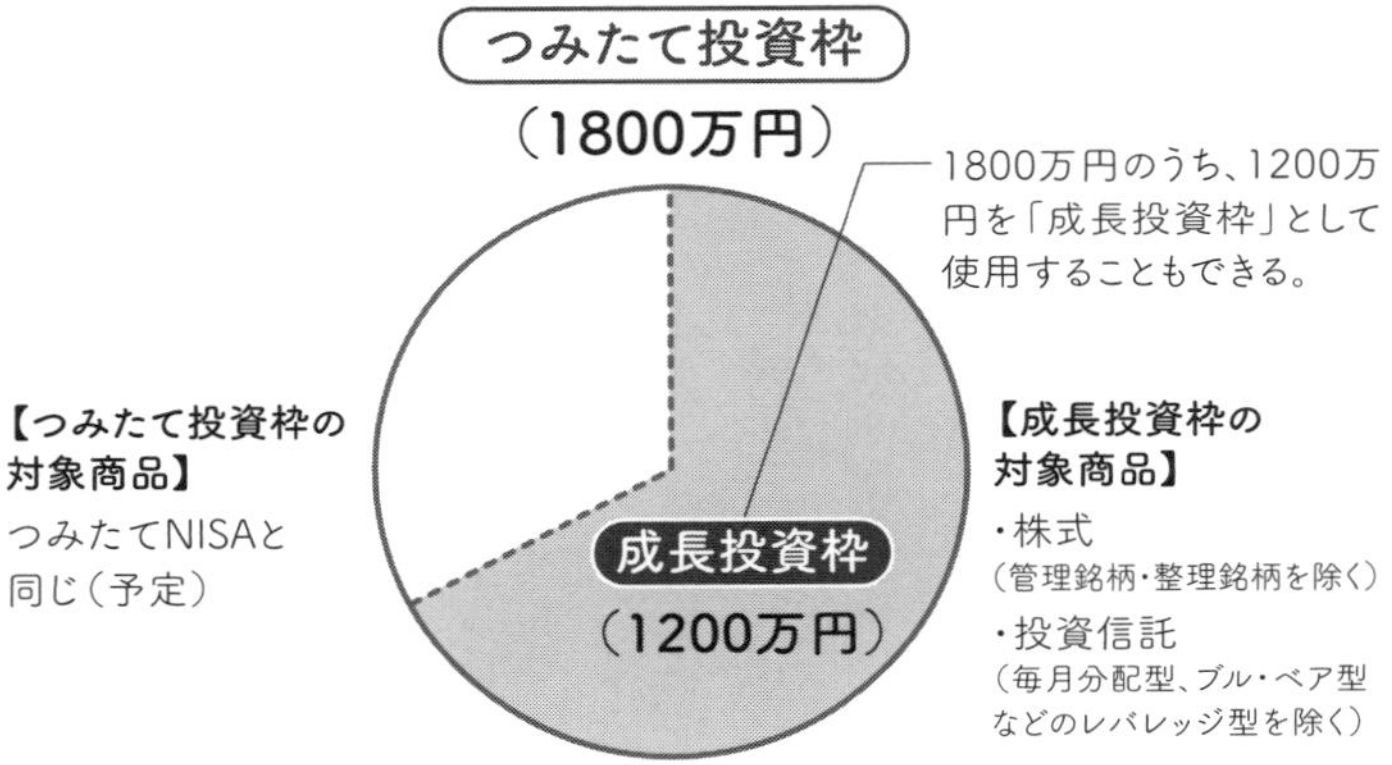
つみたて投資枠
（1800万円）
1800万円のうち、1200万円を「成長投資枠」として使用することもできる。
【つみたて投資枠の対象商品】
つみたてNISAと同じ（予定）
成長投資枠
（1200万円）
【成長投資枠の対象商品】
・株式
（管理銘柄・整理銘柄を除く）
・投資信託
（毎月分配型、ブル・ベア型などのレバレッジ型を除く）

対象商品も、アクティブ型を含む投資信託のほか、株式も対象になります。

ただし、長期資産形成に必ずしも適さない毎月分配型やレバレッジ型の投資信託のほか、株式でも上場廃止の恐れがある管理銘柄、上場廃止が決定した整理銘柄は対象外になります。

資産形成は、20〜30代の若いうちから細く長く積み立てることが理想ではありますが、20代の頃にそもそもNISAが存在しなかった人、なんらかの事情で貯蓄も資産形成も満足にできないまま年齢を重ねてしまった人が少なくないでしょう。

キャッチアップ投資とは？

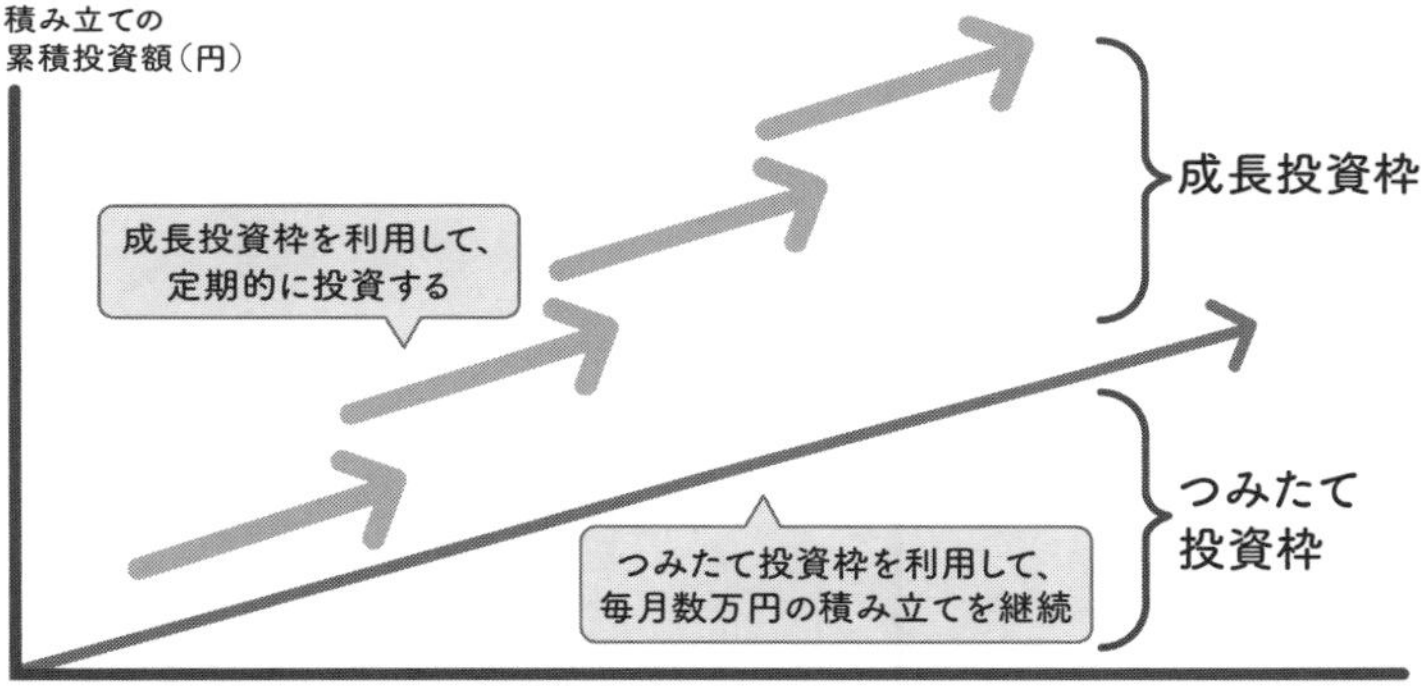

つみたて投資枠に加えて、成長投資枠を併用することで、
資産運用に後れをとった人でも、キャッチアップすることができる。

「成長投資枠」は、そのような人でも資産形成において「キャッチアップ（＝追いつく）」できるよう、幅広い投資方法を認めています。

もちろん、明確な意図があって、一定の年齢までNISAを始めないという選択もできます。

新NISAの生涯投資枠は買付金額ではなく簿価（購入時の価格）ベースで管理されます。1800万円以内なら、NISAを使うタイミングは自由なので、あらゆる面で余裕ができた後、まとめて投資してもよいでしょう。

NISAのキホン❹

「新NISA」では長期投資に向かない投資信託は対象外

「新NISA」では、積み立てのほか、成長投資枠で一括投資もできるため、選択できる商品の幅がより広くなります。

また、現行のつみたてNISAでは保有が認められていない、株式（個別株）も対象となります。

ただ、新NISAでは、長期投資に適さない商品はあらかじめ対象から外されます。投資信託では、毎月分配型（複利効果が得られにくく、非課税メリットを最大限に享受できない可能性がある）や高レバレッジ型（先物などを活用し、投資元本を上回る投資成果を目指す半面、損失も大きくなる可能性がある）は、対象外になります。

また、個別株では、上場廃止の恐れがある管理銘柄、上場廃止が決定した整理銘柄も対象外です。ともすれば投機的な取引につながりかねない、「明らかに長期資産形成向きではない商品」も対象に含まれていません。

この点は、現行のＮＩＳＡ（一般ＮＩＳＡ）から改善された点で、安心してもよいでしょう。

NISAのキホン❺

「新NISA」タイプ別オススメ！ 活用法

以上の制度設計の背景を踏まえた場合、「新NISA」の活用法として、次ページの図のような例があります。

「成長投資枠」という字面だけを見ると、高リスクの投資を連想しがちですが、値動きが比較的安定している高配当株式や、債券の組み入れ比率が高いバランス型投資信託などを活用し、保有資産全体のリスク（値動きの大きさ）をコントロールすることが大切です。

ここでご紹介した例については、第3章と第4章でも詳しく解説します。

新NISAオススメ活用法①

まだ十分な貯蓄がない
20代〜30代前半

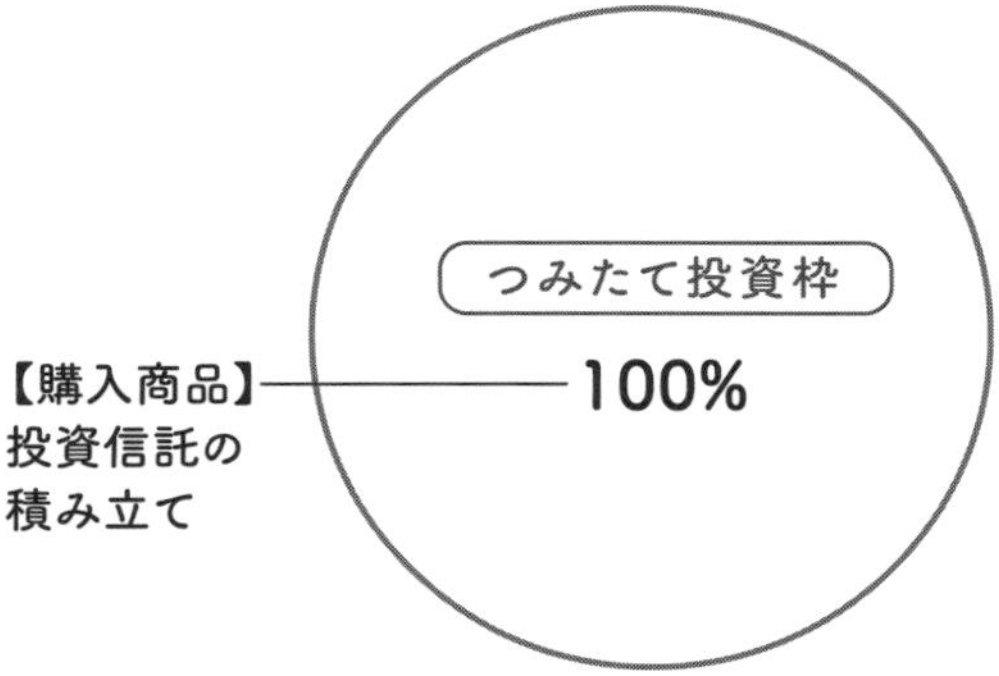

とにかく細く長く！ 年月をかけ、コツコツ積み立て！

つみたて投資枠

1800万円すべてを投資信託の積み立てにまわす。

成長投資枠

成長投資枠は、あくまで全体の非課税投資限度枠の内枠なので、1800万円すべてを投資信託の積み立て投資に使っても問題ナシ。
また、新NISAには、いつまでに使い切らないといけないというタイムリミットがないため、**無理のない金額で積み立てを始め、資金面に余裕が出てきたら少しずつ金額を増やす**、というように、とにかく“細く長く”続けるのがポイント。

新NISAオススメ活用法②

こんな人にオススメ

株式投資に興味がある人や、
すでに株式投資を
行っている人

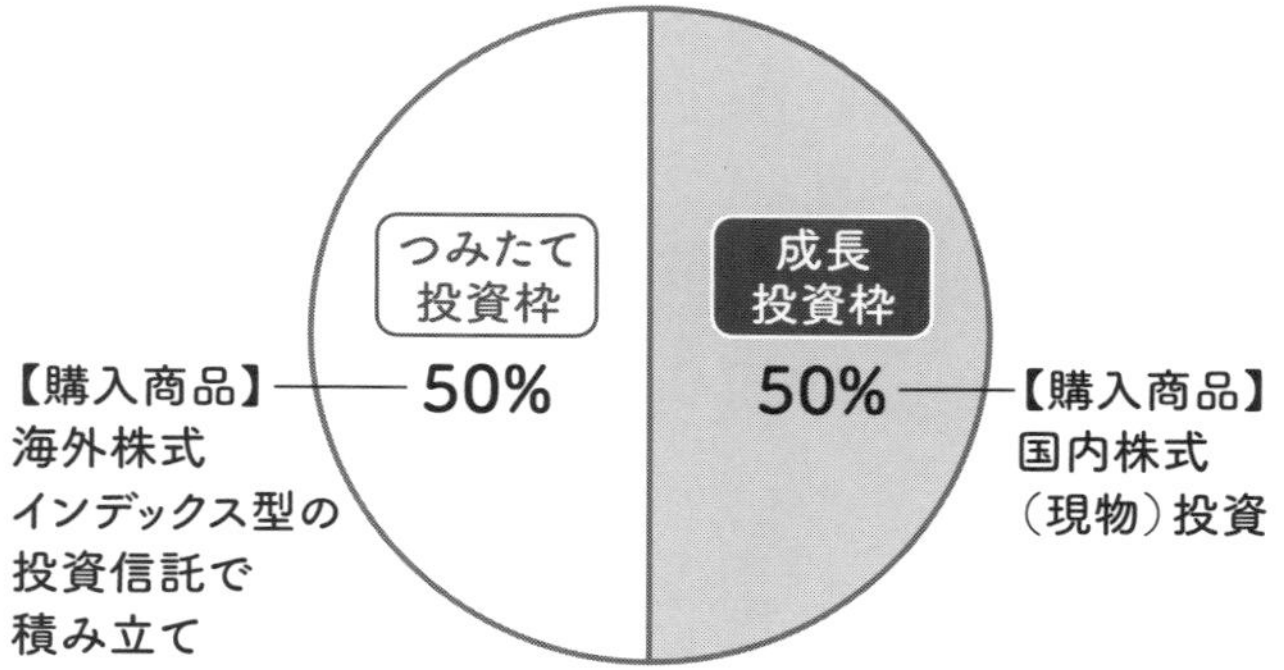

「投資信託の積み立て」と「株式投資」の組み合わせで、リターンもしっかり確保！

つみたて投資枠

海外株式インデックス型の投資信託で積み立てを行う。

成長投資枠

株式（現物）投資にあてることで、地域分散も同時に実現。
新NISAでは、生涯投資枠の管理が残高ベースで、保有資産の売却を行うと、その分の枠が復活し、再利用できる。機動的に株式投資をしたい人にとっても、使い勝手が大きく向上。

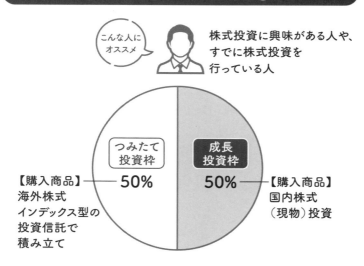

新NISAオススメ活用法③

ライフイベントが増える
30～40代

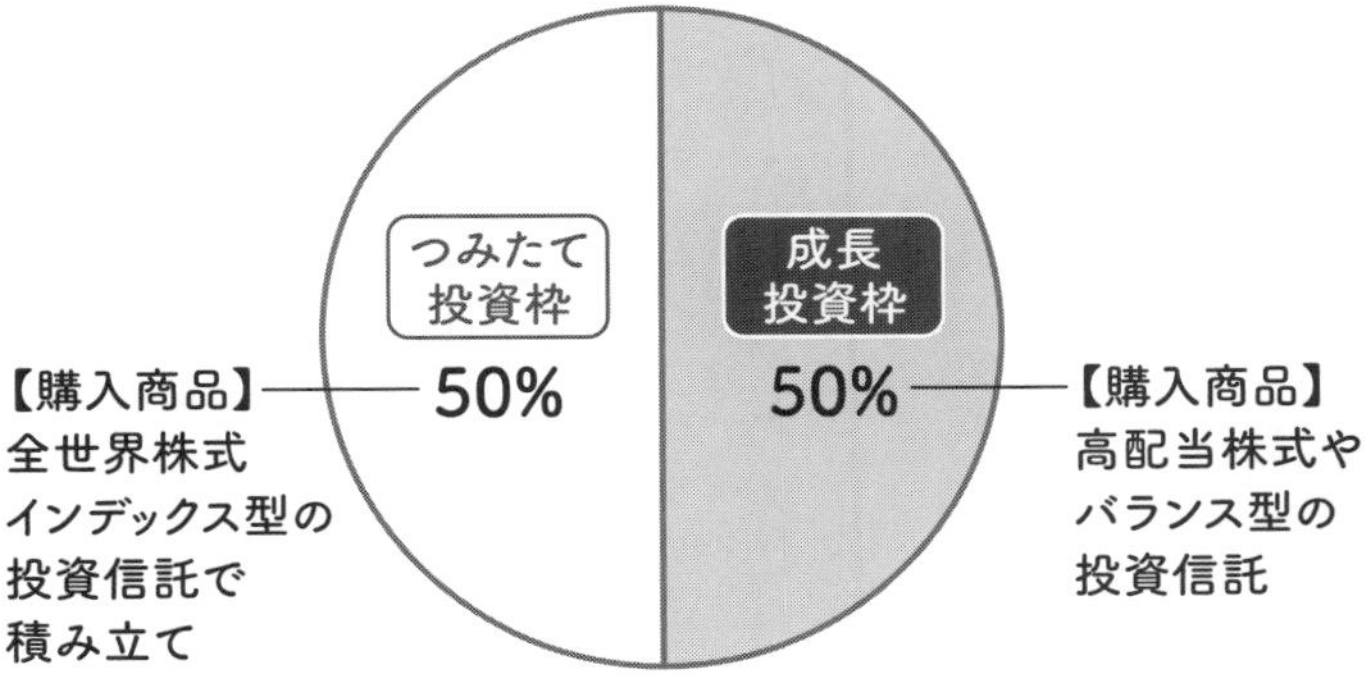

お金を使いながら、資産を増やす！

つみたて投資枠

なるべく細く長く、全世界株式インデックス型の投資信託で積み立てを継続する。

成長投資枠

子どもの教育資金や住宅購入時の頭金など、「近い将来ほぼ確実に訪れる出費」に備える目的で、**成長投資枠でリスクを抑え、インフレに負けない程度の着実なリターン**を目指す。値動きが比較的安定している**高配当株式**や、債券の組み入れ比率が高い**バランス型投資信託**などを活用し、保有資産全体のリスク（値動きの大きさ）をコントロールすることが大切。

NISAのキホン❻

「新NISA」開始前にやっておくべき3つのこと

ここまで見てきた通り、新NISAには「使いながら増やす」という選択肢が加わります。もちろん、老後のために早い時期からコツコツと資産形成を行うことは重要ですが、現実問題として、出費を伴うライフイベントは幾度となく訪れます。

そこで、「ほったらかし投資」から一歩踏み出すための準備運動として、今すぐできることを紹介します。

【今すぐできること❶】5年～10年以内に訪れるライフイベントを書き出す

【今すぐできること❷】投資商品の「引き出し」を増やす

【今すぐできること❸】現行のNISA口座を開設（まだ開設していない場合）

ライフイベントは、10年が難しければ5年を目安に一度書き出してみましょう。あくまで可能性なので、結果的に実現しなかったとしても問題ありません。

どのタイミングで、どの程度、資金の流動性を確保する必要があるかを把握しておくことが大切です。

現行のつみたてNISAで主流の「ほったらかし投資」は、超長期投資を前提にしているため、株式のインデックスファンド一択でも特に問題はありませんでした。

しかし、前項で触れた教育資金や住宅購入資金のように、投資に充てられる時間に制約がある場合、安定資産である債券も組み入れたバランス型の投資信託や、最初からリスクを抑えた運用を行う投資信託も選択肢に入れたほうがよいでしょう。

このように、新制度が始まる前に、インデックス以外の投資信託についても理解を深めておくと、新制度が始まってから慌てることなく商品を選べます。

また、現行のNISA口座を開設していない人は、今年中にNISA口座を開設し、資産運用の準備運動をしておくことをオススメします。新NISAは、現行制度の改良版ではあるものの、別制度としてスタートするため、すでに現行のNISA口座で非課税の恩恵を受けた場合でも、2024年から新たに総額1800万円の投資枠が使えます。

NISAとiDeCoのオススメの使い分け方

iDeCoとNISAは両方とも節税に直結するので、同時に加入・口座開設が望ましいものの、あえて優先順位を付けるなら、iDeCoの加入を優先しましょう。

iDeCoは年金制度なので、掛金の拠出は65歳に到達するまでという年齢制限が設けられています。つまり、iDeCoにはタイムリミットがあるのです。

一方、NISAは、2024年から恒久制度になるので、いつ始めても最大1800万円の生涯非課税限度額を利用できます。したがって、資金面に余裕が出てからNISAを始めることもできます。そして何より、iDeCoは毎年の年末調整で税金が還付されるので、早く始めれば始めるほど節税できることになります。

ただし、前述した通り、iDeCoは、老後の所得保障を目的とした制度のため、手厚い税優遇を認める代わりに、原則60歳まで資金を引き出せません。もしものときのために流動性を確保しておきたい資金については、ＮＩＳＡを活用しましょう。

以上をまとめると、まずはｉＤｅＣｏで上限額いっぱいまで拠出を目指し、これがクリアできたらＮＩＳＡに移る。ただし、現時点で使途が決まっている資金については、ＮＩＳＡを活用するのがよいでしょう。

始めるタイミングは早ければ早いほど望ましいですが、最低限の手元資金の目安として、定期的なキャッシュフローがある会社員なら年収の４分の１程度から半分、キャッシュフローがイレギュラーな自営業の人は年収の半分程度から１年分を確保しておくことをオススメします。

なお、ｉＤｅＣｏは、加入者（または、加入者だった人。以下同）が障害を負った場合は本人が障害給付金を、加入者が亡くなった場合は遺族が死亡一時金を受け取れます。ただし、いずれの場合も、本人または遺族が給付金や一時金の請求を行う必要があります。ｉＤｅＣｏに加入している事実を必ず家族や相続人に伝えておきましょう。

また、まれなケースではありますが、一度ｉＤｅＣｏに加入した後、所定の条件を満たすと脱退一時金を受け取ることもできます。

iDeCoで受け取れる給付金や一時金

1	障害給付金	●加入者または加入していた人が、70歳になる前に政令で定める高度障害となった場合、加入年数に関係なく障害給付金の受給権者となり、障害給付金の支給を請求できる。 ●受け取り方法は、老齢年金方式で5年以上20年以下の期間で受け取るか、または老齢一時金として一括で受け取るかを選択できるほか、年金と一時金を組み合わせて受け取ることもできる。 ●障害給付金は受け取り方法（分割または一括）によらず非課税。
2	死亡一時金	●加入者または加入していた人が亡くなった場合、遺族に対して「死亡一時金」が支給される。死亡一時金を請求するには、加入していた人の遺族から運営管理機関への裁定請求が必要になる。また、亡くなった人があらかじめ配偶者、子、父母、孫、祖父母または兄弟姉妹の中から死亡一時金の受取人を指定していた場合は、その人が受取人になり、指定がない場合には、原則法令に基づいた順位で受取人が決まる。 ●死亡一時金は、みなし相続財産として相続税の課税対象となる。
3	脱退一時金	以下の要件をすべて満たす場合、脱退一時金を受け取ることができる。 ●60歳未満であること ●企業型DCの加入者でないこと ●iDeCoに加入できない者であること ●日本国籍を有する海外移住者（20歳以上60歳未満）でないこと ●障害給付金の受給権者でないこと ●企業型DCの加入者およびiDeCoの加入者として掛金を拠出した期間が5年以内であること、または個人別管理資産の額が25万円以下であること ●最後に企業型DCまたはiDeCoの資格を喪失してから2年以内であること

第2章

必ずおさえておきたい「投資信託」と「積み立て投資」のキホン

投資信託のキホン❶

NISAとiDeCoで買える商品はあらかじめ絞り込まれている

ここからは、iDeCoやNISAと切っても切り離せない、投資信託について解説します。

まず、投資信託とは、ファンドマネジャーと呼ばれる運用の専門家が、あらかじめ掲げた投資方針に則って、投資家から集めた資金を株式、債券、不動産などに分散投資し、その成果を最終的に投資家に還元するというしくみの金融商品です。「投信」「ファンド」と呼ばれることもあります。

投資信託の最大の特長は、なんといっても、最小100円から（一部のネット証券会社）で、世界中の様々な資産に投資できることです。

個人では直接投資することが難しい地域も、投資信託なら、ファンドマネジャーが投資家に代わって有望な投資先を見つけ、実際に運用してくれます。

iDeCoとつみたてNISAで選ぶことができる投資信託は、「長期資産形成に適した一定数の投資信託」にあらかじめ絞り込まれています。

長期にわたりコツコツと積み立てることを前提として、最初の1本は、投資対象地域が広く分散された「全世界株式インデックス」を選んでおけば問題ありません。

ただ、資産形成を行う過程で、「まとまったお金が必要になったので、保有する投資信託の一部を3年以内に解約（現金化）したい」「資産運用に慣れてきたので、もう少しリスクを取って収益性を上げたい」など、様々なニーズが出てきます。

そこで、次項からこうしたニーズに直面したときのために、その時々のライフステージに合った投資信託を自分自身で見つけ出すためのコツを紹介します。

投資信託のキホン❷

「インデックス型」と「アクティブ型」の違い

まず、iDeCoとNISAの商品選びで最初に直面する壁は、「インデックス型」「アクティブ型」という、投資信託の区分です。

インデックス型の投資信託とは、ベンチマーク（運用の良し悪しを測る基準）として掲げられた特定の指数への連動を目指し、運用を行う商品です。

対して、投資信託にはアクティブ型と呼ばれる運用手法を取る商品もあります。

アクティブ型の投資信託には、ベンチマークを上回る運用成果を目指すタイプのほか、市場平均よりもリスクを抑えることを目的として運用する商品もあります。

インデックス型に比べて、運用の柔軟性が高いのがアクティブ型の特徴です。

レストランで例えるなら、インデックス投信は、どの店舗でも同じ価格で均一の味を提供するチェーン店。対してアクティブ投信は、シェフが腕を振るうこだわりのビストロといったところでしょう。

インデックス型は、チェーン店と同様、マニュアルに則った運用を行うので、運用にかかわるコスト（＝信託報酬）が低く抑えられています。

これこそが、インデックス型の最大の魅力です。

ただし、アクティブ型のように、相場環境に応じてファンドマネジャーが独自の投資判断を下す余地はありません。

あくまでもベンチマーク（＝マニュアル）に沿った運用が原則です。

インデックス型は、保有期間中のコストの安さと商品性のわかりやすさに加え、右肩上がりの上昇を続けてきた株式市場の後押しもあり、近年人気を博してきました。

私も、長期でコツコツと積み立てるなら、インデックス型を最初の１本に選ぶべきだと考えます。

しかし、２０２２年以降、長く続いた緩和的な金融政策が転換点を迎え、株式市場と、株式市場全体への連動を目指すインデックス型にも試練が訪れています。

長期資産形成で重要なのは、どちらが良いか悪いかを決めつけるのではなく、両方を使い分けるようにすることです。

インデックス型とアクティブ型のいずれにも過度な肩入れをすることなく、冷静に両者の強みと弱点を把握できれば、自分に合った、優良な投資信託を見極められるようになります。

本書では、第3章でインデックスとアクティブ、それぞれについて、長期資産形成に適した具体的な商品を紹介します。

「とにかく商品を知りたい」という人は、第3章を読んでから、この章に戻ってきてもかまいません。

iDeCoもNISAも投資信託も初めての人、今保有している投資信託がこのままでよいのか不安な人、または、投資信託選びに自信が持てないという人は、このまま読み進めることをオススメします。

投資信託のキホン❸

投資信託の「コスト」の正しい見分け方

次に投資信託を保有している間にかかるコストについて解説します。

一般的に、投資信託は、ファンドマネジャーと呼ばれる専門家が投資家に代わって運用にまつわる意思決定を行います。

投資信託の運用をファンドマネジャーに託すにあたり、私たちは一定のコストを負担する必要があります。このコストは「信託報酬」と呼ばれ、投資信託を保有している間は間接的に負担し続けることになります。

「コストを負担する」と聞くと、やや抵抗があるかもしれませんが、これは皆さんがレストランで食事をするのと同じだと思ってください。

私たちは、シェフの料理の腕に付加価値があると思うから、または、自分で料理をするのが面倒だから、お金を払ってレストランで食事をします。このとき、食材費だけを支払うわけではありません。投資信託も同じです。

とはいえ、負担したコスト以上にお金を増やすことができれば問題ありません。レストランでも、代金に見合った、あるいは、それ以上の満足感を得られれば、外食したことに価値を見出せると思います。

レストランでは、食事の前後に一括で代金を支払いますが、投資信託の場合、プロに運用を任せている間はずっとコストを払い続けます。

信託報酬は、投資信託の取扱い説明書である「目論見書《もくろみしょ》」に年率の値が記載されています。実際には、この年率の値が日割りされ、基準価額の計算時に費用として、皆さんから預かったお金（投資信託財産）から支払われています。別途口座から引き落とされるようなことはないので、その点は安心してください。

以上の通り、毎営業日公表される投資信託の基準価額には、すでに信託報酬が反映されているため、「騰落率」、あるいは、「リターン」として示されている数値がそのまま投資家のリターンになります。

具体的な料率は、低い商品だと、年率0.1%未満。高い商品の中には年率2%を上回るものもあり、銘柄によってばらつきがあります。

信託報酬の水準が低いのは、インデックス型です。

インデックス型は、チェーン店のレストランのように、マニュアルで運用を行います。そのため、運用にかかるコストが抑えられるのです。これこそが、インデックス型の大きな魅力です。

一方、アクティブ型は、インデックス型と比べると、信託報酬が高い傾向にあります。

たとえば、株式で運用をするアクティブ型の場合、ファンドマネジャーとそのチームが、企業の財務や決算を調べたり、実際に企業を訪問したりして事業について聞いたりすることで、有望な投資先を発掘するといった努力をしています。まさに、ビストロのシェフが、食材の仕入れ先や調理方法にこだわりを持つのと同じです。

インデックス型と比べて自由度が高く、労力を必要とする分、相応のコスト＝信託報酬がかかってしまうのです。

インデックス型の場合、日経平均株価やニューヨーク・ダウなど、同じベンチマークに連動するインデックス同士なら、基本的に信託報酬が安いものを選んで差し支えありません。インデックス型は、投資期間が長期になればなるほど、信託報酬率の差がストレートに運用成績の差として反映されるためです。

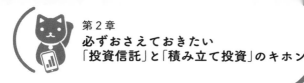

対してアクティブ型は、インデックス型のように運用方針が「完全一致」した商品というのは決して多くありません。運用方針が異なれば、期待されるリターンも、背負うリスク量も異なり、コストだけで商品を比較するのには限界があります。これが、アクティブファンド選びの難しいところです。

ファンドアナリストがアクティブ型の投資信託を評価する際は、単に信託報酬が高いか低いかではなく、妥当な水準であるかどうかを見ます。

最初から信託報酬の水準を条件にして投資信託を絞り込むと、アクティブ型の醍醐味である超過リターンの可能性を放棄することになるためです。

第3章では、こうしたコストも考慮に入れたうえで、長期資産形成と相性のよい投資信託を選んでいます。

インデックス型とアクティブ型の違い

インデックス型

日経225や
ニューヨーク・ダウなど、
特定の市場平均インデックスに
連動した運用成果を目指す。

「全国どこでも安定した味を
提供するチェーン店」

アクティブ型

インデックスよりも高いリターン、
あるいは、低いリスクを追求して
柔軟な運用を行う。

「シェフが腕を振るう、
こだわりのビストロ」

コスト（信託報酬）

- インデックス型：アクティブ型に比べて全般的に安い！
- アクティブ型：インデックス型に比べると全般的に高い！

リターン

- インデックス型：市場平均（インデックス）と同水準
- アクティブ型：インデックス型よりも高い水準を追求

**インデックス型とアクティブ型は
どちらにも一長一短あるので
正しく使い分けることが大切！**

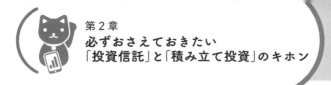

投資信託のキホン❹

「S&P500＝最強説」の落とし穴

「とにかく、S&P500を選んでおけばいい」

近年、このような声をよく耳にします。

実際に、インデックス型の投資信託の中でも、S&P500指数への連動を目指すタイプは特に人気を博しています。

S&P500指数とは、米国を代表する時価総額加重の株価指数で、企業価値の成長期待が高い（時価総額が大きい）500社で構成されています。

S&P500指数の上位銘柄には、アップル、マイクロソフト、アマゾン、アルファベット（グーグル）、テスラといった、米国だけでなく、世界を代表する企業が名を連ねています。近年、これらの企業が株式市場をけん引してきたので、「S&P500」も、同指数に連動するインデックスファンドも「最強」と表現されるのは自然なことかもしれません。

しかし、S&P500をどこか神格化して強力にプッシュする、昨今のSNSなどの風潮には少し疑問を抱かざるをえません。

まず、注意すべきは、「S&P500指数」＝米国株式市場の実力と、インデックス投資自体の実力は、分けて考えるべきだということです。

なぜなら、インデックスは、市場ごとにクセがあるからです。

世界の投資家が参加する米国の株式市場は、世界一、自浄作用が働いている市場と言っても過言ではありません。

自浄作用とは、時代ごとに成長性の高い企業が時価総額上位に名を連ね、敗者は自動的に退場するというサイクルのことです。

5〜10年もすれば、インデックスの構成銘柄の上位の顔ぶれがガラリと変わるのが、米国の株式市場の大きな特徴です。つまり、インデックスを通じて市場の大きなトレンドに乗っているだけでも、一定のリターンが期待できるのです。

かたや日本はというと、米国ほど株式市場に自浄作用が働いておらず、株式時価総額の上位銘柄に米国ほど大きなダイナミズムはみられません。

つまり、アクティブ運用が、市場平均であるインデックスに勝てる余地が大きいということです。

まとめると、「インデックス投資が最強」なのではなく、米国のように「自浄作用が働いている株式市場のインデックス投資が最強」なのです。

現在、様々な投資テーマに沿って企業を選別した「変わり種」のインデックスも多数開発されていますが、信託報酬が低いからといって、盲目的にこのようなインデックスに連動する投資信託を選ぶのは危険です。「安かろう、悪かろう」では意味がないのです。

そもそもインデックス運用とは、パッシブ（受動的）運用の1つの形態です。対して、機動的かつ柔軟に運用を行うのが、アクティブ（能動的）運用です。

インデックス運用の原理原則は、長期にわたり、どこまでも受動的に、広範囲でかつ高度に分散された銘柄群にまとめて投資することです。

近年の「変わり種」インデックスの中には、一過性のテーマに沿った銘柄を束ねただけで、長期的な視野が欠けているものが目立つので注意しましょう。

投資信託のキホン❺

「インデックス型」はけっして万能ではない！

S&P500指数に限らず、インデックス型自体は、コストを抑えながら、効率よく分散投資が実現できる、大変使い勝手のよい商品です。

ただし、インデックス型はけっして万能ではありません。「死角」はあります。

まず、インデックス型は指数に連動するように設計されているため、運用担当者が投資する銘柄を選ぶときの自由度が低いのです。

S&P500指数や日経平均株価に連動するインデックス型の商品の場合、どの銘柄にどれくらいの資金を配分するかが、ほぼ固定されてしまいます。

したがって、もし組み入れられている銘柄の株価が何らかの理由で急落したり、大きな事件が起きて株式市場全体が下落したりしても、運用担当者は特定の銘柄を売却できません。売却してしまうと、株価指数とインデックス型の成績が連動しなくなってしまいますうからです。つまり、下落しているのを見守るしかできないのです。

次の課題は、インデックス型の多くが「株式規模」の大きい銘柄を組み入れているという点です。

「株式規模」は、専門用語でいうと「時価総額」と呼ばれ、「株価×発行済み株式数」で求められます。多くのインデックス投信では、自動的に「時価総額が大きい銘柄」を中心に組み入れることになるのです。

しかし、「時価総額が大きい銘柄」が、必ずしも「優良な企業」とは限りません。「時価総額が大きい銘柄」の中には、実力以上に過大評価され、割高な株価になっている銘柄や、成長がそれほど期待できない銘柄も含まれます。

インデックス型は指数に連動する必要があるので、時価総額は大きいものの、必ずしも優良とはいえない銘柄にも投資しなければなりません。これは採用銘柄が時価総額を基準に決められている限り、解消されない欠点です（日本を含め、世界の主要な株価指数のほとんどが時価総額を基準にしています）。

以上の2つの課題がリスクとして顕在化したわかりやすい例が、S&P500指数のテスラ株の組み入れです。

テスラ社は米国の電気自動車の大手で、近年は、イーロン・マスクCEOの破天荒な言動も世界中で注目を集めています。

テスラ社が、S&P500指数に採用されたのは、2020年12月21日。当時、同社の株価はすでに割高な水準にあると各方面から指摘されていましたが、時価総額で見たときの存在感の大きさゆえ、指数のルール上、もはや採用せざるをえない状態でした。

採用後、テスラ社の株価は多少の調整がありながらも上昇しましたが、2021年11月をピークに、2022年は下落基調が続きました。

その結果、時価総額は一時、指数採用前の2020年の水準（株式分割考慮後）まで一気に逆戻りしてしまいました。

このテスラの例のように、インデックス運用では、株価が割高な水準であるとわかっていても、採用が決まったら組み入れなくてはならず、短期的には企業価値と必ずしも一致しない株価動向に振り回されてしまうことがあります。

長い目で見たら、2022年のテスラ株の値動きは、「そんなこともあったね」という程度になっているかもしれません。あるいは、合併や統合など別の理由でテスラ社がS&P500指数から除外されることもあるかもしれません。

これこそが株式市場に働く自浄作用であり、インデックス型が長期投資に適している理由です。

また、なるべく広範囲に分散されたインデックスに連動する投資信託がよいのは、特定の企業や地域の影響力を小さくしたほうが全体のリスクを抑えられるためです。

インデックス型の運用において、株価が極端に下落した企業はいずれ淘汰されます。ただし、事実上の「戦力外通告」を受け、指数から除外される寸前までは、指数全体の足を引っ張り続けます。

先に紹介したテスラのように、インデックスに課せられたルールゆえ、不合理な投資行動を強いられることもあり、その結果として、短期的に大きな値動きに見舞われる可能性もあります。

使い勝手のよいインデックス型が決して万能ではないのは、こうした理由によります。強みだけでなく、弱点についてもあらかじめきちんと把握しておくことが大切です。

投資信託のキホン❻

「アクティブ型はリスクが高くて危ない」って本当？

「アクティブファンド」と聞くと、大きなリターンを取りにいくために積極的な運用をしている商品をイメージする人が多いかもしれません。

あるいは、インデックスファンドと比べたときの相対的なコストの高さがクローズアップされるあまり、「あまりよくわからないけど、避けたほうがよい」と思っている人も多いでしょう。

2021年頃までは、世界的に株式市場が好況で前述のインデックス型で十分なリターンを獲得できたため、このような考え方になるのも無理はないでしょう。

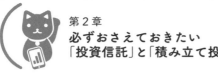

しかし、この2つのポイントは、アクティブ型の実態を正確に表していません。

じつは、アクティブ型というのは、必ずしも高いリターンを狙いに行く投資方法ではありません。

そもそも資産運用の世界では、アクティブ運用の明確な定義は存在せず、一般的に、指数に完全に連動していない「非・インデックス型」の商品をアクティブファンドと総称しています。

「Active」という英単語には「積極的」、「活発な」、「能動的」などの意味がありますが、アクティブファンドの「Active」が意味するのは、運用の自由度の高さであって、高いリスクを負って高いリターンを追求することだけではありません。インデックス＝市場平均よりもリスクを抑えて運用することも、アクティブ運用のなせる業です。

インデックス型とアクティブ型には、資産タイプ別に特徴があります。具体的には、アクティブ型がインデックス型に「勝ちやすい」資産タイプと、「勝ちにくい」資産タイプです。

前述の通り、市場の自浄作用が十分に働いていない国内株式は、アクティブ運用のファンドマネジャーの活躍できる余地が大きく、頭ひとつ飛び抜けた「超優良」商品がじつは多数存在します。

また、国内リート（不動産投資信託）のように、投資ユニバース（組み入れ銘柄の候補群）が狭い資産もまた、優良なアクティブ型が多いカテゴリーです。

一方、投資ユニバースが広い海外資産は、アクティブ運用がインデックスに勝ち続けることが難しいカテゴリーです。その代表格が前項で説明した米国株式です。

海外株式は本数こそ潤沢ですが、中長期にわたって、安定的にインデックス型を上回っているアクティブ型となると、残念ながら両手で数えられるぐらいしか存在しません。

こうしたカテゴリーごとの特徴や、運用成績の傾向を大まかにでも把握しておくと、インデックス型とアクティブ型を効果的に使い分けられるようになります。

繰り返しになりますが、資産形成で成功するための秘けつは、「インデックスかアクティブか」と白黒つけることではなく、それぞれの特徴とメリット・デメリットを理解したうえで投資信託を使い分けることです。

特に、アクティブ型をどの場面で活用するかが重要なポイントです。

市場平均よりもリスクを抑えて、近々訪れる「使う」場面に備えたい、あるいは、取れるときにリスクを取って、市場平均以上のリターンを積み上げておきたい場合は、アクティブ型の選択肢も視野に入れたほうがよいでしょう。

iDeCoとNISAは積み立て投資が前提

iDeCoとNISAの制度概要と、商品の投資信託についても理解できたら、次はいよいよ運用です。

では、iDeCoとNISAをどのように運用したらよいかというと、積み立て投資です。

積み立て投資とは、毎月決まった日に、決まった金額で自動的に投資信託など価格変動のある金融商品を買い付ける投資方法です。

iDeCoとNISAは、「積み立て投資」が前提になっています。

世界的に見ても、個人の老後資産形成を後押しする公的な制度は、原則として、投資信託の積み立てを前提に制度が設計されています。

なぜなら、積み立て投資と投資信託は長期の資産形成と相性がよいからです。

投資信託が、積み立て投資と長期資産形成に向いている理由を理解するには、投資信託の値段のしくみをおさえる必要があります。

投資信託の値段は「基準価額《きじゅんかがく》」と呼ばれ、1日に1回公表されます。基準価額は、一般的に1万口あたりの値段を指すことが多く、「1万口あたり1万円」から運用をスタートします。

この「口数」の考え方は、スーパーで売っているパックのお肉をイメージするとわかりやすいでしょう。パック肉は、「100グラムあたり○○円」として売られています。肉のグラム数あたり値段が日によって変わるように、投資信託も、口数あたりの値段＝基準価額が日々変動します。

グラム数あたりの値段が下がると、同じ予算で多いグラム数の肉を多く買えるのと同じで、投資信託も、基準価額が下がると、より多くの口数を買えるのです。

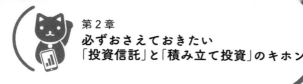

このように、積み立て投資のメリットは、基準価額の下落時であっても自動的に積み立てられることで、口数を増やし、結果的に平均買付単価を下げられる点にあります。

積み立てを続けていく過程で、どうしても基準価額が高いときや安いときが出てきます。一時的な値段の上下に振り回されず定額を積み立てていくことで、長い目で見ると、平均買付単価をならせるのです。

なお、投資信託を利用した積み立ては、即効性を期待できる投資方法ではありません。半年や1年などの短い期間で結果＝利益を出したいなら、そもそも投資信託ではなく、別の金融商品をオススメします。

あるいは、投資信託でも、積み立てだけでなく、一括投資も併せて検討したほうがよいでしょう。数百万円、数千万円単位のまとまった資金を運用する場合も同様です。

積み立て投資のキホン❷

「積み立てなら、どんな商品を選んでもよい」は間違い！

iDeCoやNISAが前提としている積み立て投資のメリットは、「基準価額の水準に関係なく、自動的に積み立てることで口数を増やし、結果的に平均買付単価を下げられる」点にあると説明しました。

要は、積み立て投資では短期的な基準価額の推移を気にすることなく、とにかくコツコツと長く続けることが重要ということです。

では、積み立てならどんな投資信託を選んでも成功するかというと、少し違います。

積み立てという購入方法を選択しても、「報われない」ケースが残念ながら存在します。

そこで、具体的な商品の解説に入る前に、まずは頭の準備体操として積み立て投資の原理原則をおさえておきましょう。

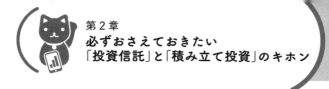

早速ですが、クイズです。
話をわかりやすくするため、やや極端な数字を用いています。

【問題】

左のA～Dのグラフは、投資開始時の基準価額が1万円の投資信託の、12カ月間の基準価額の推移を表したものです。

Aから Dの商品を毎月1万円ずつ積み立てた場合、12カ月目のリターンが高いのはどれか？上から順に並べ替えてください（ただし、各商品のコスト体系は同一とする）。

積み立て効果が高いのはどれ？

Ⓐ

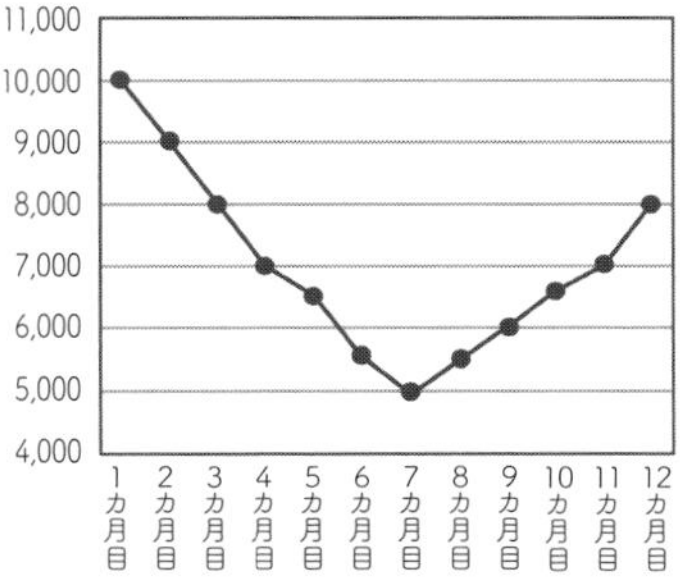

運用開始から下落し続けたものの、7カ月目の5,000円を底に、8,000円まで回復した。

Ⓑ

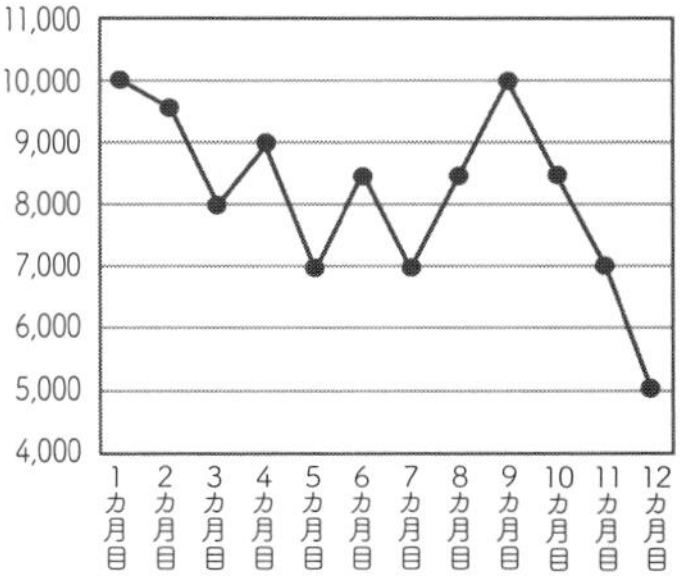

運用開始から下落を続けたのち、9カ月目に運用開始時の水準まで回復するも一転、急落に見舞われた。

Ⓒ

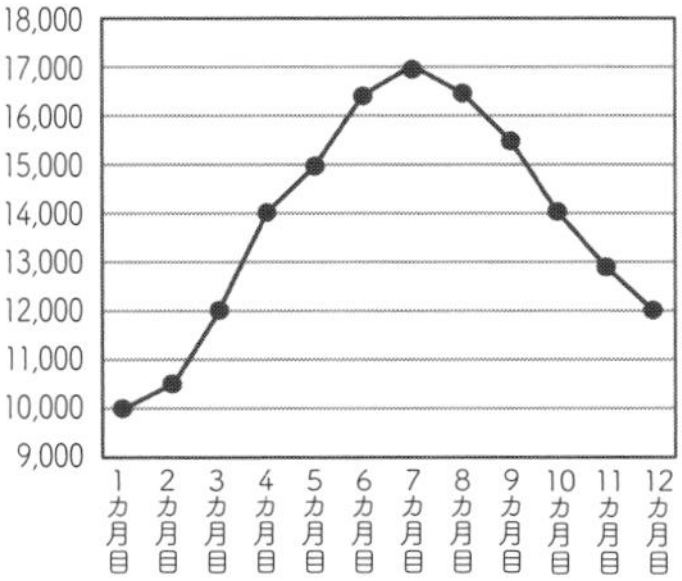

運用開始から右肩上がりの上昇を続けたものの、7カ月目の17,000円を天井に下落に転じた。

Ⓓ

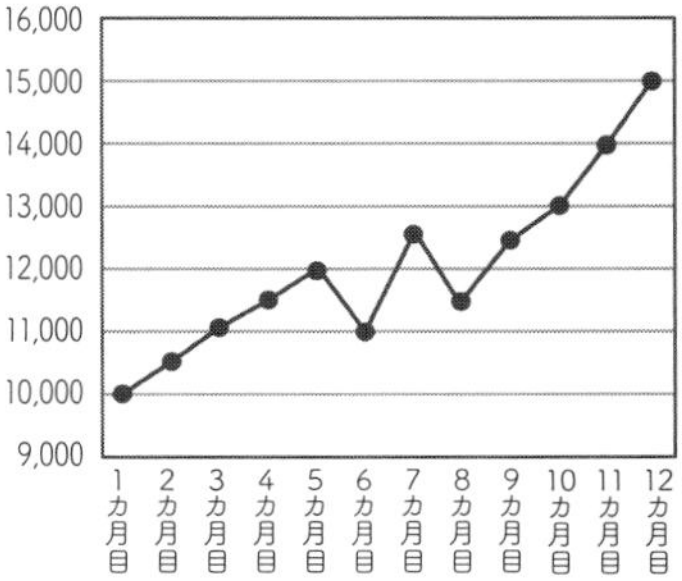

運用開始から順調に上昇を続け、途中、多少の浮き沈みを経験しつつも、終盤にかけて再び右肩上がりで上昇した。

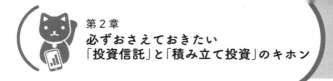

【答え】

Ｄ→Ａ→Ｃ→Ｂ

最大のポイントは積み立て期の終盤にかけて基準価額が上昇したか、それとも下落したか、です。Ａのように、途中で基準価額が半減し、最終的に積み立て開始当初の水準まで戻りきらなかったとしても、積み立てならプラスのリターンを確保できます。

基準価額の下落局面でもめげることなく積み立てを続け、口数を増やしていったことが功を奏した格好です。

一方、Ｃのように、基準価額が一時的に上昇しても、終盤期にかけて下落に転じてしまうと、最終的な基準価額が積み立て開始当初の水準まで下落しなくとも、リターンはマイナスに沈みます。つまり、投信積み立てにおいてよりインパクトが大きいのは、積み立て開始当初よりも、終盤期の成績なのです。

コツコツと積み立てを続けて増やした口数を、積み立ての終盤期に、いかに効果的に最終的なリターンにつなげられるか、という点が、積み立てを成功させる秘けつです。

したがって、Ｄのように、積み立て開始当初から成績が右肩上がりの場合、基準価額の上昇に伴って購入できる口数も減ってしまうため、積み立て効果が高いとはいえません。

少々極端かもしれませんが、向こう数年以内に上がると自信が持てる投資先が思い浮かぶなら、積み立てよりも一括投資を選んだほうが賢明でしょう。

また、Bのような商品は、「積み立てていれば、いつかリターンは向上する」と、錯覚を起こしやすい、要注意の商品です。

基準価額の変動幅が大きいほうが積み立てと相性はよいですが、そもそも開始当初の基準価額を上回れなかったり、基準価額が一定の範囲内で上下を続けたりしている商品は、どれだけ積み立てを続けても報われません。いわゆる「高値づかみ」をしてしまったとあきらめて、次の手を考えることも大切です。

以上をまとめると、長期の積み立て投資で最も理想的なのは、「当面は苦戦することがあっても、やがて成績が上向き、緩やかに上昇を続ける」ことが期待できる商品になります。

「石の上にも三年（いれば暖まる）」ということわざがありますが、インデックス型なら最低5年、アクティブ型なら最低3年程度は、積み立て期間として想定しておくことをオススメします。

積み立て投資のキホン❸

「リスクの軽減」は積み立てだけでは足りない

株式や投資信託には、元本保証の機能がありません。

したがって、リスク＝不確実性は付き物です。

リスクとの付き合い方を間違えると、どれだけ優れた投資信託を保有しても、思うように資産を増やしていくことができません。

じつは、長期投資でこの損失発生の可能性を一律に軽減できるかというと、けっしてそういうわけではないのです。

長期投資がリスク軽減の観点で本領を発揮するのは、2種類の「分散投資」を同時に実践した場合です。

具体的には、商品を買うタイミング（＝時間）を分散させる「時間分散」と、様々な種類の金融資産に投資をする「資産分散」です。

「時間分散」は、積み立てを行えば比較的容易にクリアできるのですが、もう1つの「資産分散」は、誤って理解されている人が多い傾向にあります。

資産分散で重要なのは、値動きの方向性が異なる資産、つまり、相関が低い資産を保有することです。

たとえば、一口に「株式」と言っても、景気上昇局面にリターンが期待できる成長（グロース）株と、景気後退期に耐性を発揮する割安（バリュー）株や高配当株があります。両者は同じ株式ですが、値動きの方向性が異なるので、同時に保有しても分散効果が期待できます。

資産間の相関が低ければ、2資産だけでもリスクを下げることは可能です。

一見すると、より多くの資産に分散投資していたほうがリスクを抑えられそうですが、組み入れ資産の数が多いからといって、投資信託そのもののリスクが一律に低くなるわけではないのです。

以上の2種類の分散を長期にわたって実践することこそが、長期投資の本質です。

第3章
ズバリ！　プロが太鼓判をおす「投資信託」はコレ！

商品選びのポイント❶

iDeCoの商品選びは迷ったら「全世界株式」

iDeCoの場合、運用先として選択できる投資信託のラインナップが、運営管理機関によって異なります。

どのように商品を選んで、組み合わせればよいのかイメージがわかない人も多いと思います。そこで、iDeCoの商品選択は、「迷ったら、まずはインデックス型」と覚えておきましょう。

この際、可能な限り投資対象が分散された株式インデックスを選ぶことがポイントです。商品名に、「全世界株式」や「先進国株式」などの表記がある商品を確認してみてください。

iDeCoは、いつでも保有商品の入れ替え（スイッチング）や、各商品の配分変更ができるので、アクティブ型にチャレンジするなら、資産運用に少し慣れてからでも遅くはありません。

また、投資初心者で、最初から掛金を100％投資信託に振り分けることに抵抗がある場合は、定期預金50％、投資信託50％のように、元本確保型を組み入れて、徐々に元本確保型の配分を減らし、投資信託の配分を増やすことをオススメします。

商品と配分割合はいつでも変更できるので、加入したら速やかに初期設定を行うことが大切です。というのも、iDeCoでは、一定期間、掛金配分が未指定だと、「指定運用方法」として運営管理機関が指定した特定の商品が自動的に買い付けられてしまうという特有のルールがあるためです。

掛金を拠出しながら商品選択を行わなかった場合、最初の掛金から「未指図資産」として現金のまま管理されます。金利は付きません。

その後、初回の拠出から約4カ月以内に商品選択を行わないと、運営管理機関が指定する商品が自動的に買い付けられます。商品を選び、掛金の配分指定を行った後は「ほったらかし」にしてもかまいませんが、最初の意思表示を忘れないよう注意しましょう。

商品選びのポイント❷

NISAも、迷ったら最初は「インデックス型」でOK

iDeCoもNISAも、基本的には10年単位の長期投資が前提にされています。

長期投資の最大の利点は、一時的に大きな損失が発生しても、挽回できる可能性が多く残されていることです。

裏を返せば、運用に充てられる時間が短ければ短いほど、大きな損失を出さないよう、より慎重にリスク管理を行わなければなりません。

第2章でも触れた通り、インデックスは、長い目で見ると株式市場に働く自浄作用が反映され、なおかつコストも低く抑えられているので、長期運用と相性がよいのです。

iDeCoは原則として途中で資金を引き出すことができないので、自動的に中長期運用になります。

したがってiDeCoの加入当初は、中長期運用を前提にしたインデックス型を選べば問題ありません。

商品の入れ替えは、出口戦略を意識し始める頃からでよいでしょう。

一方、制度設計上、NISAは途中で資金を引き出すことも可能です。運用する期間を5年以上確保できるなら、「つみたて投資枠」と「成長投資枠」ともにインデックス型にしてもかまいません。

5年以内に使う予定が訪れそうな場合は、アクティブ型を取り入れるなどして、運用資産全体の安定性にも配慮しましょう。

NISAについても、iDeCoと同様にインデックス型の第一候補は「全世界株式型」です。「全世界株式型」がなければ「先進国株式型」を選びましょう。なるべく広い地域を網羅しているインデックスを選ぶのがポイントです。

「たったこれだけ？」と思うかもしれませんが、例えるなら、「全世界株式型」は、インデックス界の「幕の内弁当」のようなものです。先進国から新興国まで、投資可能な地域を全体的に網羅しているので、1本でも完結するのです。

対して、S&P500（米国株式）に代表される単一国のインデックスファンドは、メインのおかずがドンと乗った「鮭弁当」のイメージといえます。

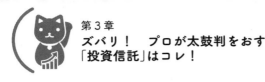

シンプルでわかりやすく、株式時価総額の大きさという存在感もありますが、「幕の内弁当」と比べて栄養バランスに偏りがあることは否めません。

第2章で触れたような、短期的な市場の調整に見舞われる可能性は否定できないので、その点は注意しましょう。

すでにiDeCoやNISAを始めていて、「全世界株式型」ではなく、「S&P500」を積み立てている場合は、たとえば「米国を除く全世界株式型」のインデックスを組み合わせることで、実質的に「全世界株式型」のインデックスファンドをつくることができます。

このように、パズルを完成させるイメージで、足りないパーツ（地域、資産）を追加していくことが、分散投資を成功させるポイントです。

商品選びのポイント❸

NGな商品の組み合わせ方

広く分散された株式インデックスファンドを最初の１本に選ぶことについておわかりいただけたと思います。では、資金面に余裕が出て追加投資先を検討する際も、類似の株式のインデックス型を組み合わせればよいかというと、それは違います。

左の図は、私がよく目にする、多くの投資家が実践しているインデックス型の組み合わせのパターンです。これらの組み合わせはいずれも「ほとんど意味のない」ものと言っても過言ではありません。なぜなら、インデックスで投資されている中身の大部分が被っているからです。

複数の投資信託を保有する、または、積み立てる目的は大きく２つあります。

１つは、リスク分散のためです。

そしてもう１つは、より高いリターンを追求するためです。前者で重要なのは、値動

やってはいけないインデックス型の組み合わせ

NG	S&P500	×	全世界株式
NG	S&P500	×	全米株式
NG	全世界株式	×	全米株式

投資先が似通った商品を組み合わせると、リスク分散の効果が小さくなってしまう。

きの方向性が異なる資産を保有することです。似た値動きをするインデックス型の商品を複数保有してもリスクは小さくならず、分散効果も期待できません。

たとえば、同じ株式インデックスでも、日経平均株価やS&P500指数のように、景気回復期に華々しく上昇する成長株寄りのインデックスもあれば、景気低迷期・後退期に耐性を発揮する、高配当株や割安（バリュー）株を束ねたタイプもあります。高い配当を支払う高配当株は一般的に、通信や公益などの成熟産業に多くみられます。成長株のように、企業の急成長による大きな株価の上昇は見込みにくい一方で、安定した値動きが期待できるという安心感があります。

繰り返しになりますが、すでに「全世界株式型」を積み立てているなら、無理に別の投資信託を追加する必要はありません。あくまでも、今よりもリスクを抑えた運用スタイルを目指したいときに追加を検討しましょう。後者の、高いリターンを追求したいときも、収益源を多様化させたほうが賢明です。

この場合、インデックスよりも、アクティブ型や個別株を組み合わせるほうが効率のよい投資ができます。インデックス型だけだと、それ自体が分散されていて、前述の「被り」が一定程度発生するためです。

ただし、アクティブ型や個別株を選ぶ場合も、異なる性質の商品を選ぶことが重要です。近年、先述した典型例の３パターンの組み合わせのほかに、番外編として「Ｓ＆Ｐ５００指数＋ＧＡＦＡＭなどの米国個別株」という組み合わせも目立つようになりましたが、ともすると、「リスクの上塗り」状態になってしまうこの組み合わせは、投資初心者にはあまりオススメできません。

では、次項から具体的に「本当にお金が増える投資信託」の商品名と、オススメの組み合わせ方を紹介します！

プロが太鼓判をおす投資信託❶

楽天・全世界株式インデックス・ファンド

実質的に8000銘柄を超える世界各国の企業の株式に投資しており、この1本で国際分散投資が実現できるインデックス型の投資信託です。

iDeCo、NISAともに「最初の1本」としてオススメです。

具体的な国別の構成比を見ると、米国が全体の約6割、次いで日本が約6%、イギリスが約4%と、「全世界」といいながらも米国の影響力が大きいことがわかります。これは、インデックス自体が株式時価総額に基づいてつくられているためです。

すでに「S&P500指数」などの米国株式のインデックス型を保有している場合、無理にこの商品を取り入れる必要はありません。

「全世界株式」や「オールカントリー」という名前が付いている類似の商品がいくつかあります。運用成績に大きな差はないので、どれか1本を選べば問題ないでしょう。

商品の基本情報と運用実績の推移

カテゴリー	タイプ	NISA	iDeCo
グローバル株式	インデックス型	○	○※

※楽天証券の場合。以降、iDeCoはすべて同様。

●基本情報

運用会社	楽天投信投資顧問		
愛称	楽天・VT	コスト（実質信託報酬）	0.195％
類似の投資信託	・eMAXIS Slim 全世界株式（オール・カントリー） ・SBI・V・全世界株式インデックス・ファンド		

●運用実績の推移

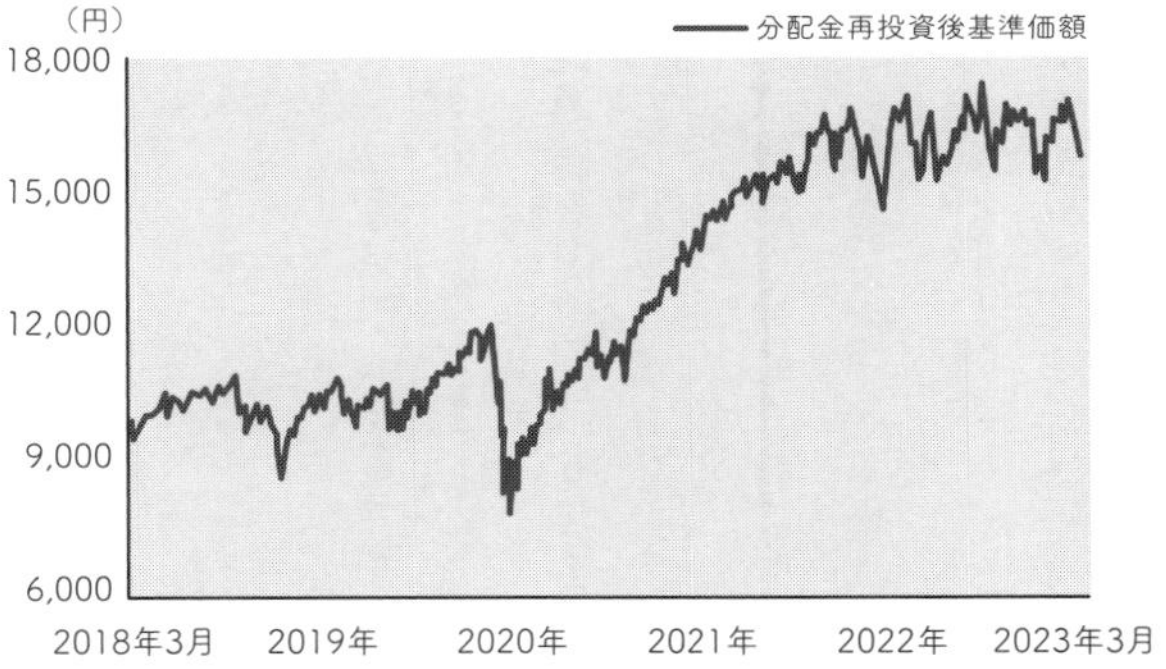

	3年	5年	10年
年率リターン（％）	16.63	10.48	
期間リターン（％）	58.65	64.63	
シャープレシオ	1.10	0.58	

2023年2月末時点

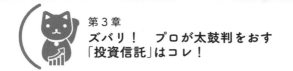

プロが太鼓判をおす投資信託❷

楽天・全米株式インデックス・ファンド

米国株式市場の投資可能銘柄のほぼ100％に実質的に投資できるインデックス型の投資信託です。

誰もが知っている大型株だけでなく、成長過程の中小型株も含まれている点がポイントです。

投資の原理原則に従えば、インデックスは広範囲に分散されていたほうがリスクを抑えられるので、米国株式の最初の1本ならこの商品をオススメします。

ただし、この商品に関しても、すでに「S&P500指数」のインデックス型を保有している場合、無理に取り入れる必要はありません。

「全世界株式」と同様、米国株式も類似のインデックスファンドがいくつか存在しているので、こちらもどれか1本を選べば問題ないでしょう。

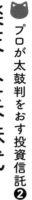

商品の基本情報と運用実績の推移

カテゴリー	タイプ	NISA	iDeCo
米国株式	インデックス型	○	○

●基本情報

運用会社	楽天投信投資顧問		
愛称	楽天・VTI	コスト（実質信託報酬）	0.162％
類似の投資信託	・SBI・V・全米株式インデックス・ファンド		

●運用実績の推移

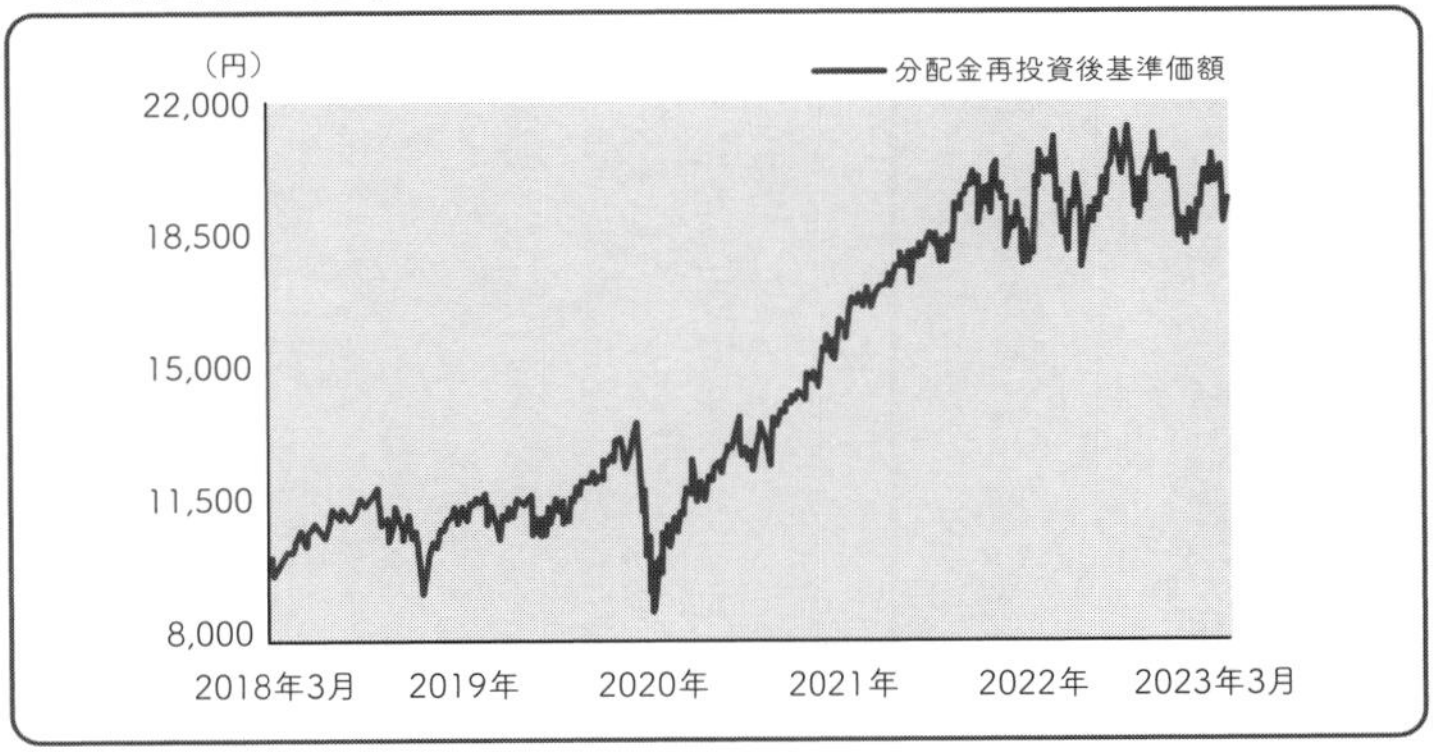

	3年	5年	10年
年率リターン（％）	19.47	14.05	
期間リターン（％）	70.50	92.98	
シャープレシオ	1.12	0.70	

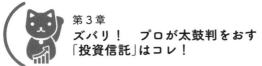

プロが太鼓判をおす投資信託❸

野村インデックスファンド・米国株式配当貴族

「配当貴族指数」というインデックスに連動した投資成果を目指す、米国株式の投資信託です。「配当貴族指数」とは、S&P500指数のうち、過去25年以上にわたり毎年連続で配当を増やし続けてきた企業で構成された指数です。

コカ・コーラ、ジョンソンエンドジョンソン、マクドナルド、プロクター&ギャンブル（P&G）など、65銘柄で構成されています。

25年という長期にわたり毎年配当を増額している企業は、高いブランド力を誇るだけでなく、財務面の安定性にも強みがあります。

景気拡大期に派手な値動きは期待しづらいものの、景気低迷期には底堅いリターンを期待できます。ハイテク株をはじめとする、成長株の影響力が大きい「S&P500指数」や「全米株式インデックス」と組み合わせることで、リスク分散もできます。

商品の基本情報と運用実績の推移

カテゴリー	タイプ	NISA	iDeCo
米国株式	インデックス型	○	×

●基本情報

運用会社	野村アセットマネジメント		
愛称	Funds－i フォーカス米国株式配当貴族	コスト（実質信託報酬）	0.55％
類似の投資信託	・Tracers S＆P500配当貴族インデックス（米国株式） ・SMT米国株配当貴族インデックス・オープン		

●運用実績の推移

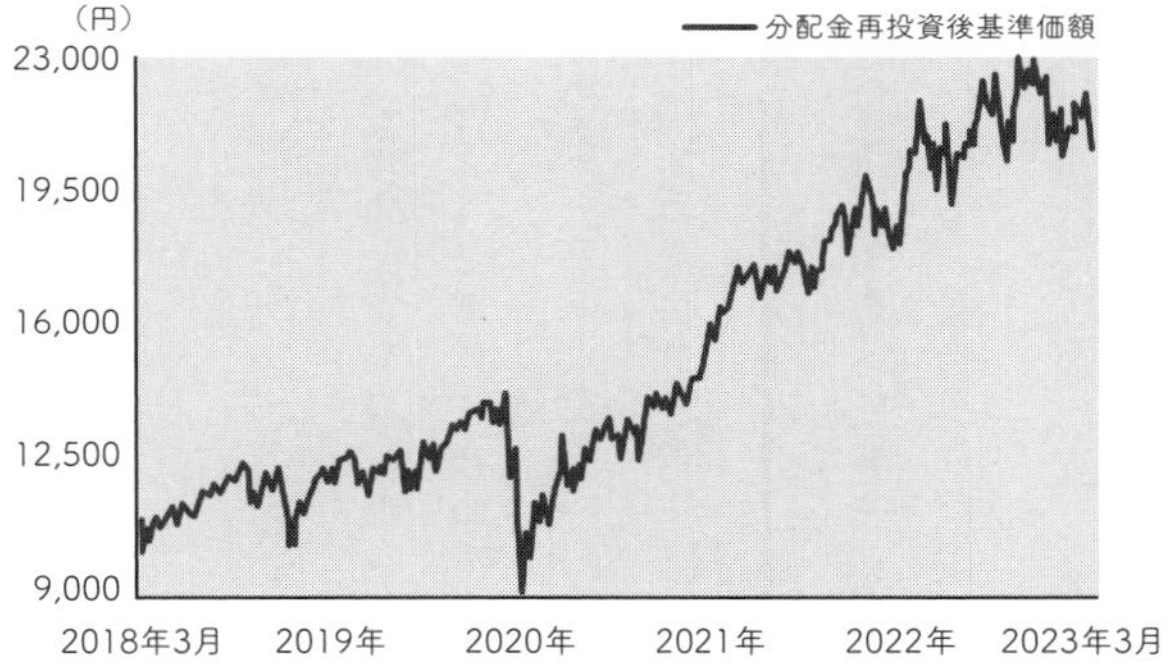

	3年	5年	10年
年率リターン（％）	20.54	14.51	
期間リターン（％）	75.15	96.84	
シャープレシオ	1.16	0.73	

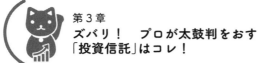

プロが太鼓判をおす投資信託❹

ラッセル・インベストメント外国株式ファンド

日本を除く先進国の株式を投資対象にしたアクティブ型の投資信託です。

運用を担うラッセル・インベストメント社が個別企業を選別するのではなく、様々な強みを持った世界の運用会社を厳選し、運用会社ごとバランスよく組み合わせるという、「餅は餅屋」のユニークな運用方針に特徴がある投資信託です。市場の状況などを考慮しながら4〜7社程度の運用会社を採用し、ベンチマークのMSCIーコクサイ指数（日本を除く先進国株式の代表的な指数）を上回るリターンを目指します。必要に応じて運用会社を入れ替え、中長期にわたり安定した超過リターンを獲得しています。

同じ運用方針の姉妹ファンド「ラッセル・インベストメント外国株式ファンド（DC向け）」が、楽天証券をはじめとする確定拠出型年金プランにおいて採用されています。

商品の基本情報と運用実績の推移

カテゴリー	タイプ	NISA	iDeCo
グローバル株式	アクティブ型	○	×※

※楽天証券の場合、下記の「類似の投資信託」を参照。

●基本情報

運用会社	ラッセル・インベストメント		
愛称	ワールド・プロフェッショナルズ	コスト（実質信託報酬）	1.21％
類似の投資信託	・ラッセル・インベストメント外国株式ファンド（DC向け） ※楽天証券のiDeCoでは、こちらの銘柄を選択可能。		

●運用実績の推移

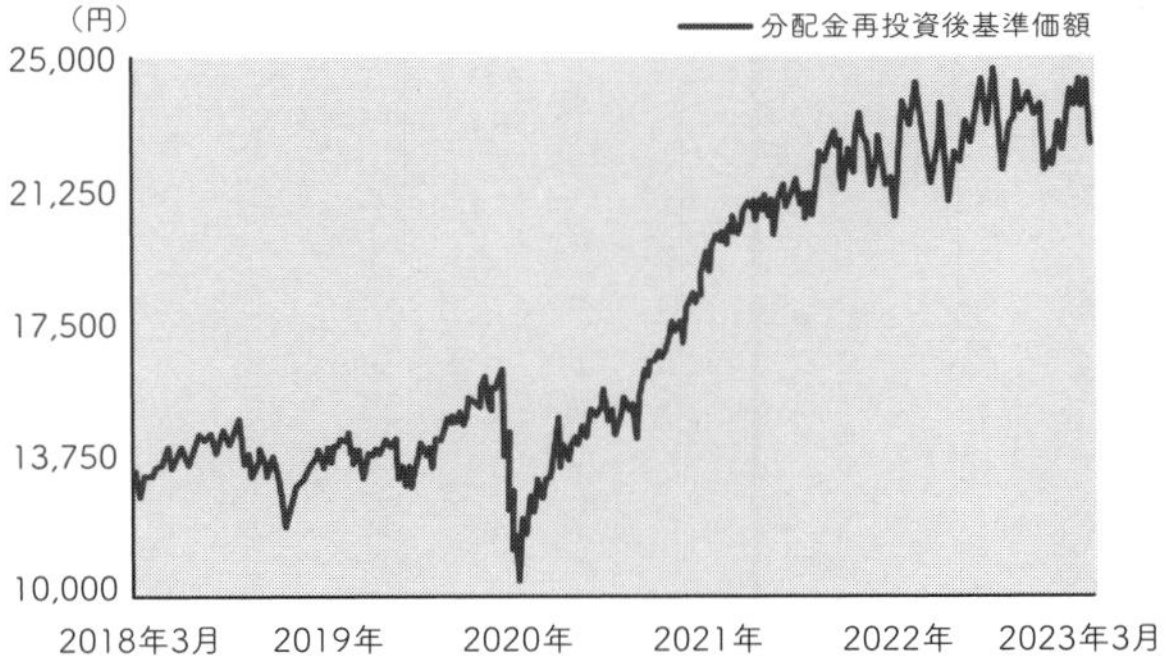

	3年	5年	10年
年率リターン（％）	18.63	11.91	
期間リターン（％）	66.95	75.50	
シャープレシオ	1.20	0.64	

プロが太鼓判をおす投資信託❺

農林中金〈パートナーズ〉長期厳選投資 おおぶね

米国企業の中でも、①付加価値の高い産業、②圧倒的な競争優位性、③長期的な潮流という3つの条件を満たす、「構造的に強靭な企業」を厳選して投資している投資信託です。第2章で解説した通り、海外株式の中でも、米国はアクティブ型が超過収益を獲得し続けることが極めて難しい市場です。というのも、世界中の投資家が参加する米国の株式市場では、株価を形成する様々な情報が大きなタイムラグなく瞬時に株価に反映されるためです。

この投資信託は、実際に投資先企業を訪問したり、必要に応じて対話を重ねたりすることで、長期で保有できるひと握りの優良企業を30社程度まで厳選しています。こうした入念な銘柄選定により、相場の下落に強く、安定したリターンを獲得できています。さらに、購入方法を積み立てに限定し、長期目線で運用している点も大きな特徴です。

商品の基本情報と運用実績の推移

カテゴリー	タイプ	NISA	iDeCo
米国株式	アクティブ型	○	×

●基本情報

運用会社	農林中金全共連アセットマネジメント		
愛称	なし	コスト（実質信託報酬）	0.99％
類似の投資信託	なし		

●運用実績の推移

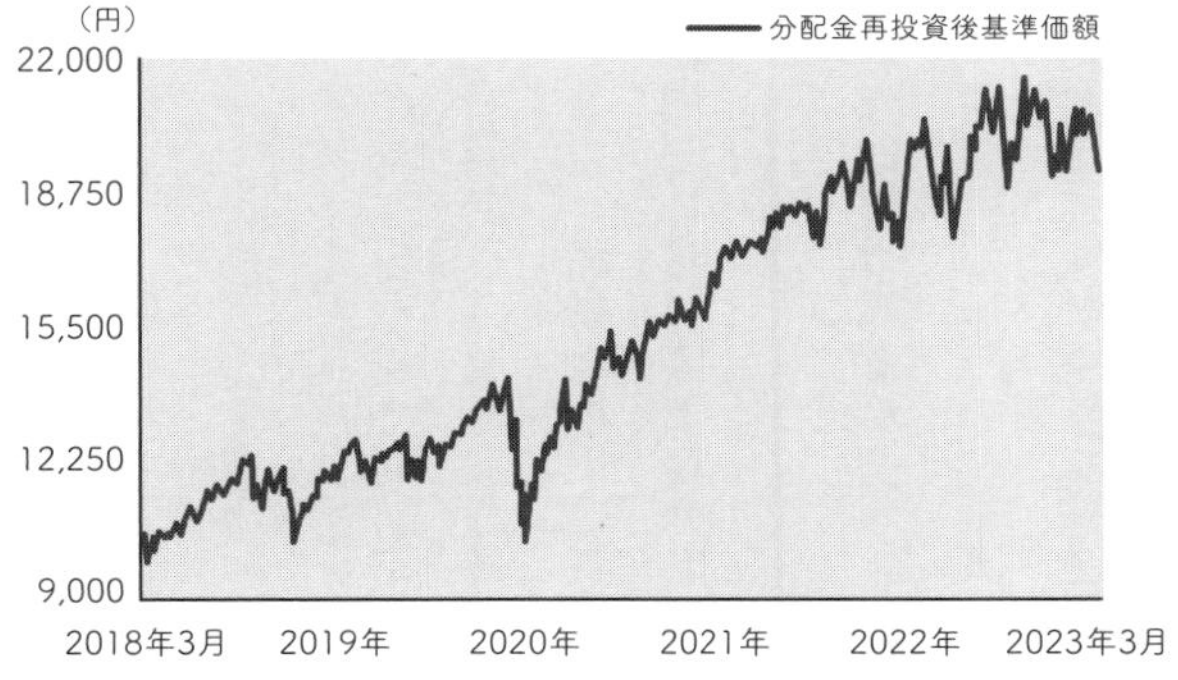

	3年	5年	10年
年率リターン（％）	16.47	13.70	
期間リターン（％）	58.00	90.00	
シャープレシオ	1.04	0.80	

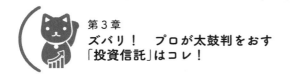

プロが太鼓判をおす投資信託❻

年金積立 Jグロース

日本株の中でも、今後の成長が期待できる企業、自己資本利益率が高い企業、株主への利益還元が期待できる企業を徹底的に調査・選定し、投資している投資信託です。

ベンチマークはTOPIX（東証株価指数）で、同指数のTOPIXの動きを上回る投資成果の獲得を目指します。組み入れられている銘柄は100以上で、大企業が中心です。

上場から日が浅い新興市場銘柄や、株式時価総額の規模が小さい中小型株は基本的に組み入れられていません。

堅実な運用の結果、20年以上にわたり恒常的にベンチマーク（TOPIX）を上回る運用成績をおさめており、投資初心者でも、安心して購入できる投資信託といえるでしょう。

商品の基本情報と運用実績の推移

カテゴリー	タイプ	NISA	iDeCo
国内株式	アクティブ型	○	×

●基本情報

運用会社	日興アセットマネジメント		
愛称	つみたてＪグロース	コスト（実質信託報酬）	0.902％
類似の投資信託	・利益還元成長株オープン		

●運用実績の推移

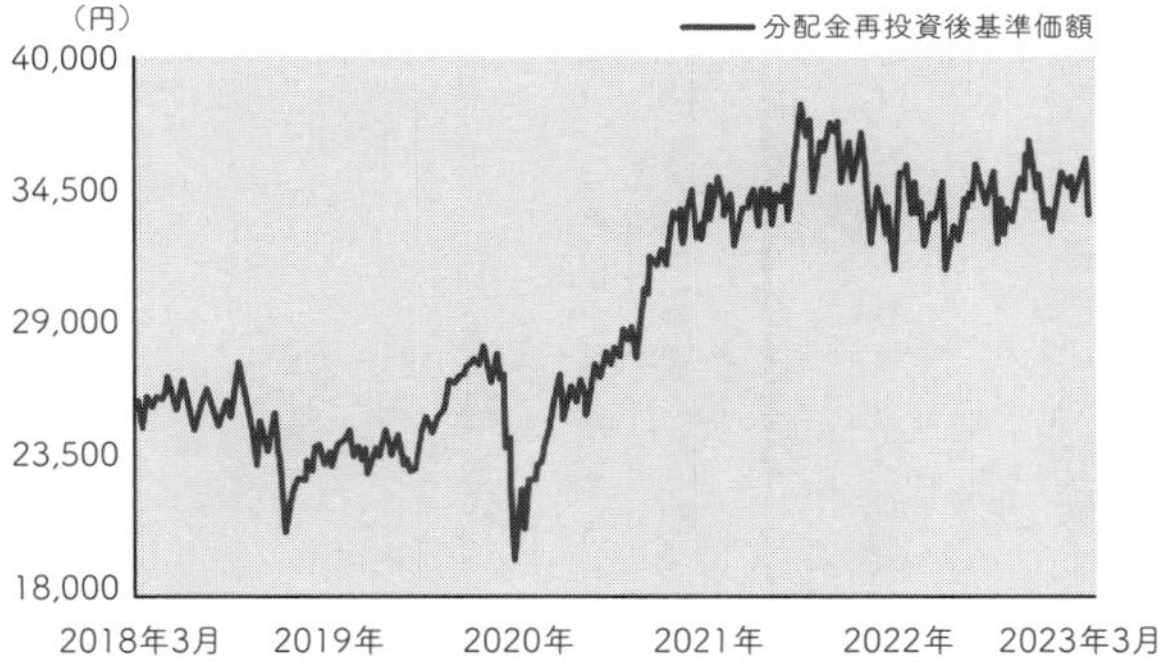

	3年	5年	10年
年率リターン（％）	12.77	5.52	12.84
期間リターン（％）	43.42	30.84	234.56
シャープレシオ	0.85	0.41	0.66

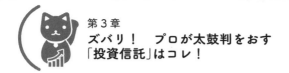

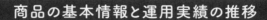

プロが太鼓判をおす投資信託❼

大和住銀DC国内株式ファンド

国内株式の中でも、割安に放置されている株（バリュー株）に着目しながら、収益性や成長性も考慮に入れ、銘柄を選定するアクティブ型の投資信託です。

一般的に、バリュー株は景気拡大局面に華々しい上昇を期待しにくい半面、景気後退局面や、株式市場全体が不安定なときには底堅さを発揮するため、少しでも保有しておくと、運用資産全体の「緩衝材」としての機能が期待できます。

海外株式のインデックス型の投資信託はもちろん、他の日本株の投資信託と組み合わせても資産分散効果を実現できるでしょう。

他の日本株のアクティブ型と同様、この商品も、東証株価指数（ＴＯＰＩＸ）をベンチマークにし、２００６年の運用開始以来、安定して同指数を上回るリターンを獲得しています。

商品の基本情報と運用実績の推移

カテゴリー	タイプ	NISA	iDeCo
国内株式	アクティブ型	○	×

●基本情報

運用会社	三井住友DSアセットマネジメント		
愛称	なし	コスト（実質信託報酬）	1.045％
類似の投資信託	なし		

●運用実績の推移

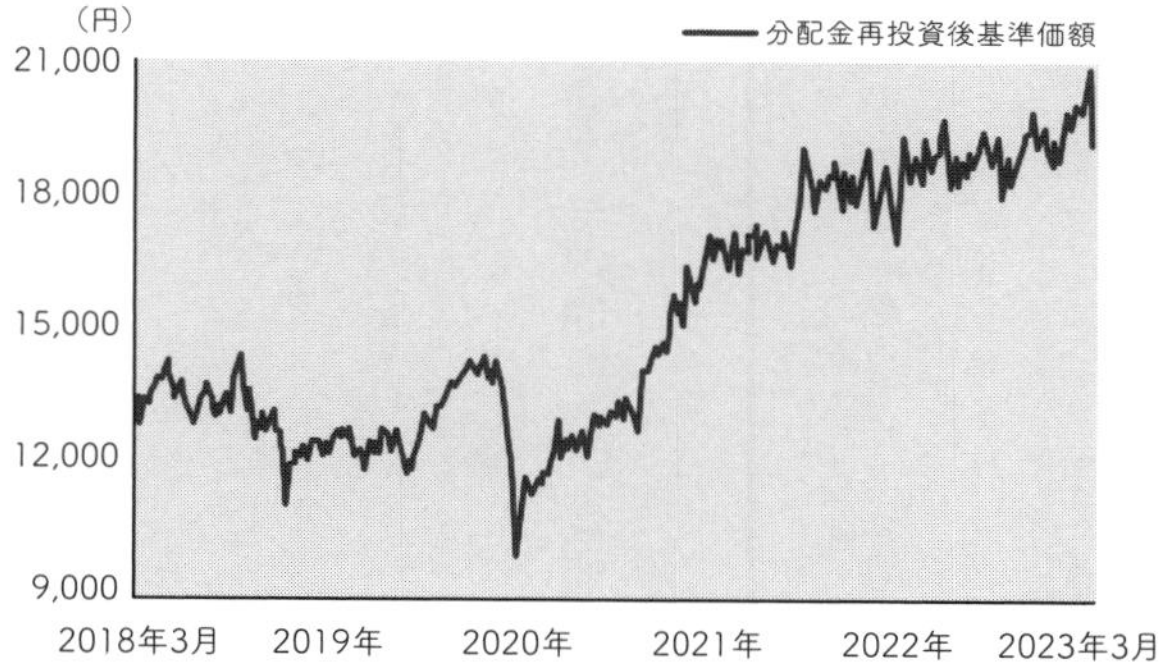

	3年	5年	10年
年率リターン（％）	16.92	7.75	10.98
期間リターン（％）	59.83	45.26	183.43
シャープレシオ	1.03	0.50	0.56

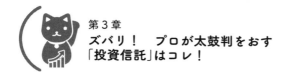

プロが太鼓判をおす投資信託❽

One国内株オープン

市場環境に応じて、時価総額の大きい大型株だけでなく、成長途中の小型成長株なども柔軟に組み入れている、日本株のアクティブ型の投資信託です。

株式市場全体が右肩上がりの好況期は景気に敏感な大型株中心で運用し、反対に株式市場の調整局面では、底堅さを発揮する小型成長株の組み入れ比率を高めるなどの調整を行っています。その結果、10年以上にわたり、ベンチマークである東証株価指数（TOPIX）を恒常的に上回る成績をおさめています。

日本株のみを投資対象にしているため、直接的な為替リスクはないものの、本書で紹介している日本株の株式投資信託の中では相対的に値動きが大きい傾向にあります。

いずれ個別株の投資に挑戦してみたいと考えている人は、この投資信託の銘柄選びを参考にしてもよいでしょう。

商品の基本情報と運用実績の推移

カテゴリー	タイプ	NISA	iDeCo
国内株式	アクティブ型	○	×

●基本情報

運用会社	アセットマネジメントOne		
愛称	自由演技	コスト（実質信託報酬）	1.76％
類似の投資信託	・One国内株オープン（年2回決算型）		

●運用実績の推移

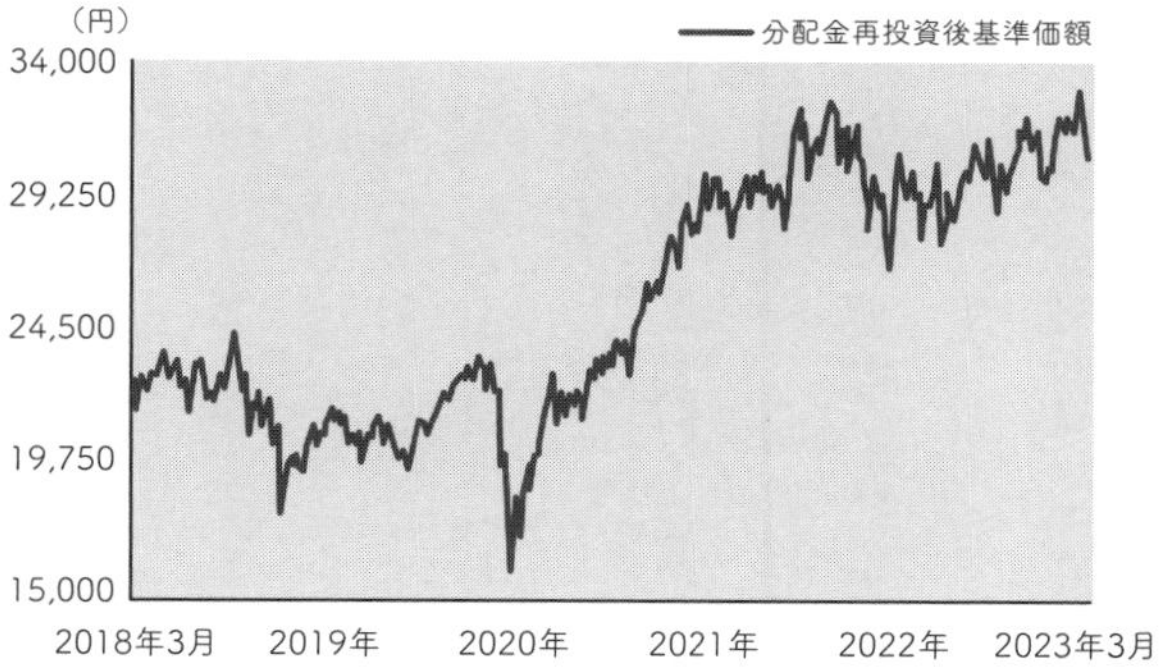

	3年	5年	10年
年率リターン（％）	16.64	6.34	15.37
期間リターン（％）	58.67	35.98	317.65
シャープレシオ	1.02	0.45	0.77

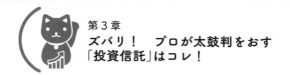

プロが太鼓判をおす投資信託⑨

セゾン・グローバルバランスファンド

株式と債券を50%ずつ組み入れたシンプルな構成のバランス型の投資信託です。

株式は、米国、欧州、日本、新興国と、まんべんなく投資地域を分散させています。債券は、一定の金利収入が見込める米国と欧州が中心です。

このように、特定の地域に偏らせることなく、リスクを抑えながら、長期で安定したリターンの獲得を目指す点がこの商品の特徴です。

株式だけに投資するほどは高いリターンを期待できませんが、リスク管理も含め、安心して運用を見守ることができるでしょう。

なお、この投資信託を含むセゾン投信の商品は、直接販売が中心ではありますが、楽天証券を含む一部の確定拠出年金プランを通じて購入することができます。

商品の基本情報と運用実績の推移

カテゴリー	タイプ	NISA	iDeCo
バランス	アクティブ型	△※	○

※楽天、SBIなどのネット証券では不可。

●基本情報

運用会社	セゾン投信		
愛称	なし	コスト（実質信託報酬）	0.58％
類似の投資信託	なし		

●運用実績の推移

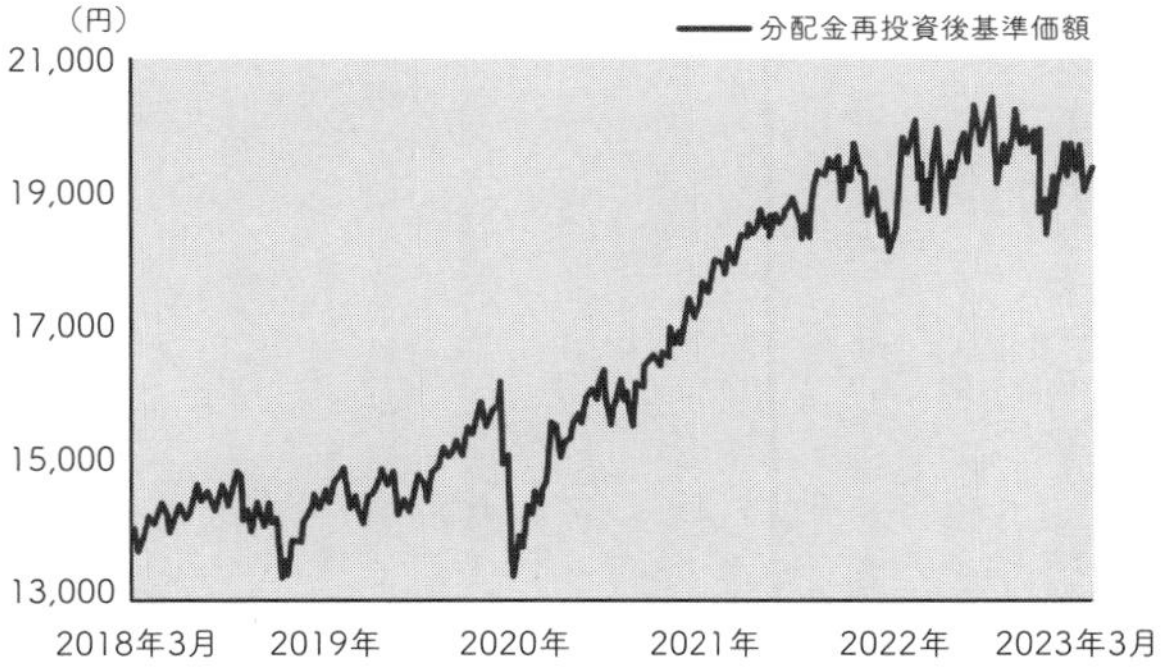

	3年	5年	10年
年率リターン（％）	8.06	6.43	7.52
期間リターン（％）	26.18	36.58	106.49
シャープレシオ	1.05	0.64	0.67

プロが太鼓判をおす投資信託⑩

たわらノーロード　最適化バランス（成長型）

国内外の株式、債券、リート（不動産投資信託）に分散投資するバランス型の投資信託です。この商品は、目標とするリスク水準別に、計5本のシリーズで展開されています。目標リスク水準に応じて、組入れ資産ごとの投資比率を調整する点に特徴があります。具体的には、目標リスク水準が高いほど、より高いリターンが期待できる株式とリートの組入れ比率が高くなっています。

「成長型」の目標リスク水準は約10％で、5本中2番目に高い水準です。10年単位の長期資産形成を前提にする場合、この「成長型」か、もう少し値動きが穏やかな「安定成長型（約7％）」をオススメします。まとまった資金を一括で投資する場合は、「安定成長型（約7％）」か「安定型（約5％）」を選ぶとよいでしょう。

商品の基本情報と運用実績の推移

カテゴリー	タイプ	NISA	iDeCo
バランス	アクティブ型	○	×

●基本情報

運用会社	アセットマネジメントOne		
愛称	なし	コスト（実質信託報酬）	0.55％
類似の投資信託	・たわらノーロード　最適化バランス（保守型） ・たわらノーロード　最適化バランス（安定型） ・たわらノーロード　最適化バランス（安定成長型） ・たわらノーロード　最適化バランス（積極型）		

●運用実績の推移

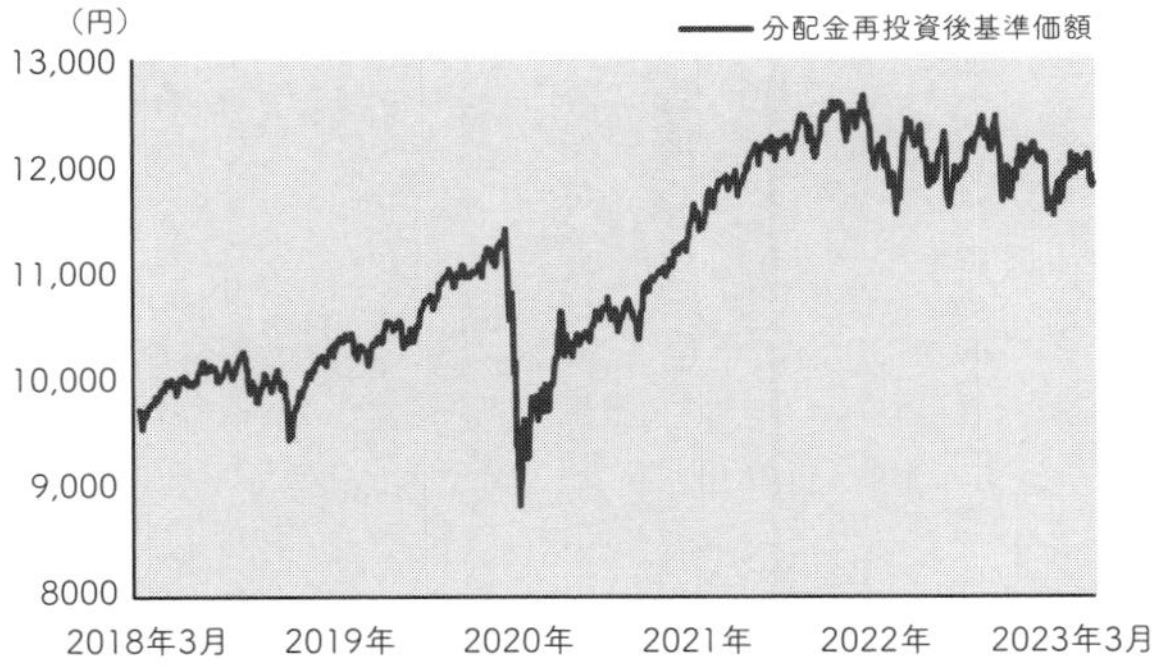

	3年	5年	10年
年率リターン（％）	4.49	4.74	
期間リターン（％）	14.10	26.07	
シャープレシオ	0.75	0.42	

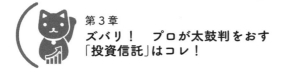

ケース別投資信託のオススメの組み合わせ方

次に、商品の具体的な組み合わせ方について説明します。

投資初心者が商品を組み合わせるときの基本ルールは、次の2つです。

（ルール1）ｉＤｅＣｏを優先し、余裕があればＮＩＳＡも行う

（ルール2）向こう5年以内に使う予定のある資金はｉＤｅＣｏではなくＮＩＳＡに

（ルール3）年代を問わず、「投資に充てられる期間」をベースにして投資商品とその組み合わせを考える。

まず、ルール1については、拠出（積み立て）だけで所得控除のメリットを受けられるｉＤｅＣｏを優先するということです。

ルール2については、ｉＤｅＣｏは60歳まで積み立てたお金を引き出せないので、ライフイベント等の目的で使いたい資金についてはｉＤｅＣｏではなくＮＩＳＡを優先す

貯蓄がほとんどなく、新たに資産形成を始めたい20～30代の場合

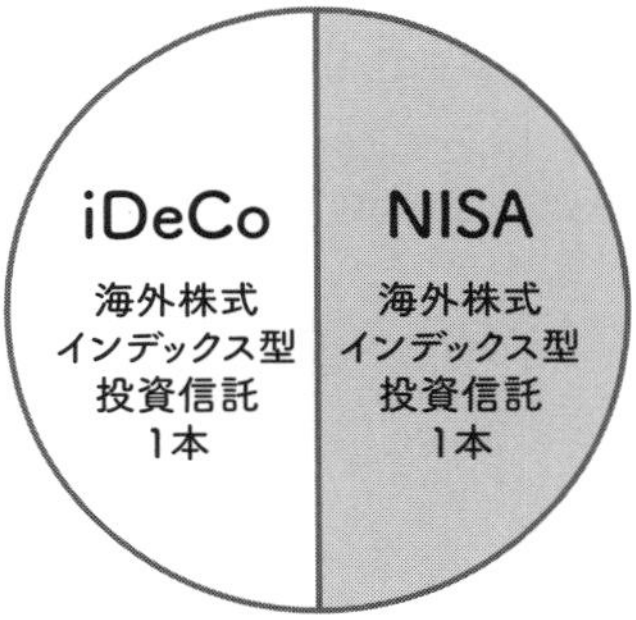

【海外株式インデックス型の商品例】
「楽天・全世界株式インデックス・ファンド」または、「楽天・全米株式インデックス・ファンド」のどちらか

より分散投資でリスクヘッジしたい場合

NISAの「海外株式インデックス1本」の代わりに、「One国内株オープン」「野村インデックスファンド・米国株式配当貴族」を50％ずつ購入

ることで流動性を確保しましょう。

前述の通り、投資初心者はiDeCoもNISAも、「全世界株式インデックス」の積み立てから始めることをオススメします。

そのうえで、ここでは「貯蓄がほとんどない20～30代」「多少の貯蓄はあるものの出費も多い30～40代」（P138参照）「セカンドライフを見据えて老後資金を準備したい50代」（P139参照）の3つのケースに分けて、オススメの商品と組み合わせ方を紹介します。

多少の貯蓄はあるものの、出費も多い30〜40代の場合

IDeCo

「海外株式インデックス型」もしくは「バランス型」の投資信託で100%

【海外株式ンデックス型の商品例】
「楽天・全世界株式インデックス・ファンド」
【バランス型の商品例】
「セゾン・グローバルバランスファンド」

「海外株式インデックス型」か「バランス型」のどちらか1本を購入。「海外株式インデックス型」よりもリスクを少し抑え気味にしたい場合は「バランス型」を選ぶ。

NISA

貯蓄の一部を投資に回して始める場合

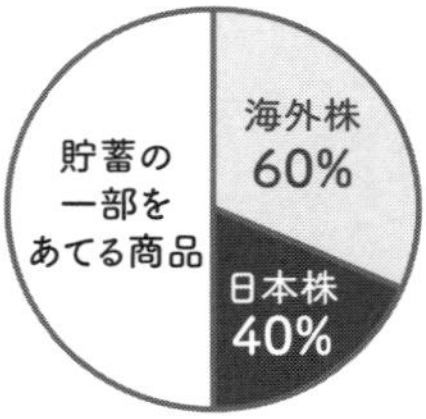

貯蓄の一部をあてる商品
【商品例】
「たわらノーロード 最適化バランス（成長型）」

日本株
【商品例】
「年金積立 Jグロース」または、一定のリスクを取る場合、「One国内株オープン」

海外株
【商品例】
「農林中金＜パートナーズ＞長期厳選投資おおぶね」または、「野村インデックスファンド・米国株式配当貴族」

ゼロから資産形成を行う場合

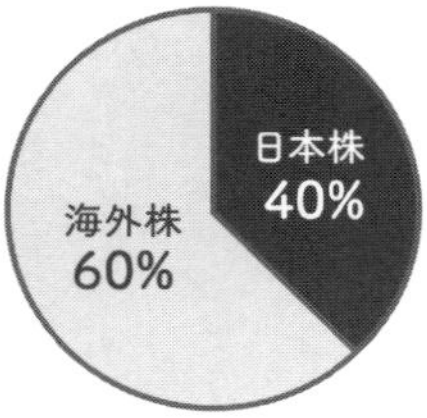

日本株
【商品例】
「年金積立 Jグロース」

海外株
【商品例】
「農林中金＜パートナーズ＞長期厳選投資おおぶね」または、「ラッセル・インベストメント外国株式ファンド」

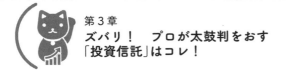

セカンドライフを見据えて
老後資金を準備したい50代の場合

50代から資産運用を始める場合、
20代や30代と比べて
運用期間が短くなるので、
貯蓄や退職金の一部を投資に回す

IDeCo

【商品例】
「セゾン・グローバルバランスファンド」

NISA

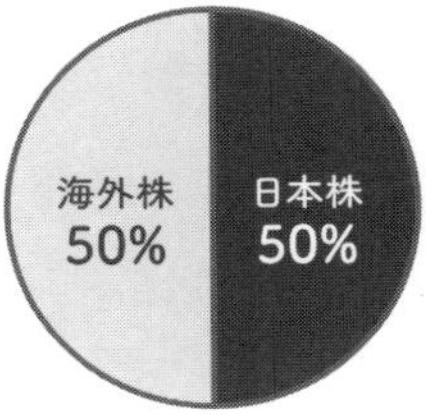

日本株
【商品例】
「たわらノーロード 最適化バランス（成長型）」
「大和住銀DC国内株式ファンド」

海外株
【商品例】
「農林中金＜パートナーズ＞長期厳選投資
おおぶね」
「ラッセル・インベストメント外国株式ファンド」
「野村インデックスファンド・米国株式配当貴族」

日本株100％でもOK。一定のリスクを取れる場合、日本株と海外株を50％ずつ購入

商品選びのポイント❹

「安い」という理由だけで投資信託を購入するのはNG！

株式市場では、株価の割安性によく注目が集まります。

これは、株価を決定する要因の1つに需給バランス、つまり、「株を買いたい人」と「売りたい人」の駆け引きがあるためです。

では、投資信託はどうでしょうか？

基準価額の水準を見て、割安か割高かを判断できるのでしょうか？

残念ながら投資信託は、基準価額だけで割安性を判断することはできません。

そもそも、投資信託の基準価額は、ファンドに組み入れられている株式や債券の時価総額を保有者全体の口数で割ったものです。

あくまで口数あたりの価値であって、「価格」ではありません。

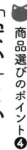

一般的に、投資信託は基準価額1万円から運用を開始します。株式投資に慣れている人だと、例えば基準価額が5000円の投資信託を見ると、「お買い得」だと感じるかもしれません。

しかし、「値下がりしている」、「安い」という理由だけで投資信託の商品の購入を決めてしまうのは大きな誤りです。

なぜなら、投資信託の基準価額は、株式のように必ずしも需給によって決まるのではなく、運用の成果が反映されるものだからです。

先述した通り、投資信託の基準価額は、あくまでも運用の成果である純資産総額を、投資信託の保有者全体で割った結果にすぎません。

したがって、基準価額5000円の投資信託が一概に「割安」とはいえないのです。

このように、「売り」と「買い」の需給関係によって値段が決まる株価と投資信託では、金融商品としての性質が本質的に異なっています。株式は、「買いたい」と思う投資家が増えると株価が上昇しますが、投資信託は、需要が増加しても、基準価額には素直に反映されません。なぜなら、需要の増加に伴って口数も増えるからです。

なお、基準価額にまつわる誤解が多い理由の1つは、新聞紙面の表記にもあると思います。国内の新聞では、慣例的に基準価額を「基準価格」と表記してきました。

さらに、毎営業日の基準価額一覧は、紙面上、株価一覧の近くに掲載されることが多いので、余計に誤解する人が多いのだと思われます。

ちなみに、基準価額を英語に訳すと、Net Asset Value となります。Value、すなわち、「価額（その品の値打ちに相当する金額）」であって、やはり「価格」＝Price ではないのです。

株価の妥当性を判断する指標としては、PER（株価収益率＝株価を1株あたりの利益で割ったもの）や、PBR（株価純資産倍率＝株価を1株あたりの純資産額で割ったもの）がありますが、投資信託の評価ではこうした指標は使いません。

投資信託を判断する一般的な指標としては、取ったリスクに対してどれだけのリターンをあげたかを示すシャープレシオや、ベンチマーク（運用の目安となる指数）のリターンをどれだけ上回ったかを示すアルファなどが多く用いられます。

詳しくは、次項で解説します。

アフターフォロー❶

商品の「成績」を〝正しく〟判断する方法

株式投資の世界では、株価の妥当性を判断する指標として、ＰＥＲ（株価収益率＝株価を１株あたりの利益で割ったもの）や、ＰＢＲ（株価純資産倍率＝株価を１株あたりの純資産額で割ったもの）が用いられます。前述の株価の割安度合いも、こうした指標を参考に判断されます。

では、「割高」「割安」の概念がない投資信託の評価はどのように行えばよいかというと、投資信託の世界では、一般的に、その商品が取ったリスクの大小を考慮に入れて評価を行います。

単純なリターンではなく「リスク控除後」のリターンを重視するのは、運用成績に含まれる「偶然」や「まぐれ」の要素を可能な限り排除するためです。リターンのみで単純に比較してしまうと、特に相場の上昇局面においては、その成績が「追い風参考記録」

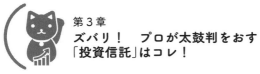

状態だったという可能性も否定できず、注意が必要です。

そこで、リターンの根拠となる「リスクの大きさ」を考慮に入れることで、身の丈に合った運用ができているかの判断が可能になります。

リスク控除後のリターンを表す代表的な指標には、「シャープレシオ」があります。

左の図を見てください。

シャープレシオは、負ったリスクに対してどれだけリターンをあげることができたかを表す指標で、左のような数式で求められます。

ここで、シャープレシオに関するクイズを1つ出します。

問題：次のAとBのシャープレシオの活用方法のうち、正しいのはどっち？

A. おもに日本株に投資するAと、米国債券に投資するBについて、過去3年間のシャープレシオを比較した

B. 日本株を投資対象とするAとBについて、過去3年間のシャープレシオを比較した

投資信託の成績を判断する方法

シャープレシオとは…

取ったリスクに対して
どれだけリターンをあげることができたかを表す指標。

シャープレシオの計算方法

（リターン（%。平均収益率） − 安全資産のリターン（%）） ÷ リスク（%。標準偏差）

数値が大きくなるほど
「低いリスクで高いリターンが得られる
運用効率がよい商品」になる

数字が1を超えている、
または1に近いと優秀！

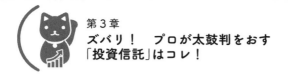

Good!

答え：B

シャープレシオは、同じ資産タイプ、かつ、同一期間の商品比較に活用することが原則です。

Aの場合、株式と債券では想定されるリスク水準が異なるうえ、日本の円建て資産と米国のドル建て資産でもまたリスク水準が異なります。

Bについても、一般的に運用期間が短ければ短いほど基準価額のブレ幅は大きく、ファンドのリスク（標準偏差）水準も高くなる傾向にあるため注意が必要です。

なお、2020～2021年のように短期間で株式市場が急上昇すると、分母のリスク（標準偏差）と分子のリターンの双方の数値が高くなるため、シャープレシオ自体も極端に高くなることがあります。したがって、シャープレシオを見るときは、特定の期間の「輪切り」の情報だけでなく、推移を見ることが重要です。市場が急に大きく変動すると、数値も突発的に上がったり下がったりすることがあるためです。

直近半年や1年だけでなく、3年、5年、10年など、中長期の数値もあわせて確認しましょう。

アフターフォロー❷

「期間リターン」と「年率リターン」の違い

すでに解説した通り、投資信託を運用効率の観点で評価する際は、取ったリスクに対してどれだけリターンをあげることができたかを示す、シャープレシオが適しています。

とはいえ、目に飛び込んでくる単純なリターンの値は、良くも悪くもインパクトがあります。

その値こそが、実際に私たちが手にできる運用の果実だからです。

投資信託の複数の期間のリターンを比較する際によく使われるのが、「年率リターン」です。

この「年率リターン」を誤って理解している人がじつに多いのです。

では早速、再びクイズを通して、投資信託のリターンの違いを確認しておきましょう。

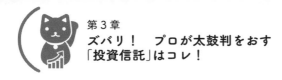

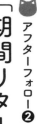

問題：次のAとBの2本の投資信託のうち、5年後に獲得できるリターンが高いのは、どちらか？

A．5年間にわたり、毎年5％ずつリターンを獲得できる商品
B．5年ごとに、25％ずつリターンを獲得できる商品
※計算は複利とし、税金は考慮しない

答えは、Aの「5年間にわたり、毎年5％ずつリターンを獲得できる商品」です。

「5年間にわたり毎年5％ずつ」と、「5年ごとに25％ずつ」というのは、一見するとリターンに差がないように思えます。

この問題を解くヒントは、「年率リターン」と「複利効果」に隠されています。

年率リターンとは、期間リターンを「1年あたり」に換算したもので、「1年あたりリターン」とも呼ばれます。

年率リターンを使うと、この問題の例のような、異なる計算期間の商品を比較しやすくなります。

Ａの年率リターンは、問題の通り「毎年５％」なので「５％」です。

一方、Ｂの年率リターンは、以下の式で求められ、「４・６％」となります。

$$\sqrt[5]{(1+0.25)}-1$$

「25÷５＝５」とならないのは、複利効果（得られた利益を元本に毎年積み上げ、継続的に運用することで、元本がふくらんでいく効果）があるためです。

ちなみに、右の計算をエクセル上で行う場合は、セルに次の数式を入力してください。

=(0.25+1)^(1/5)-1

では、ＡとＢそれぞれの５年間の期間リターンは何％でしょうか？

Ｂの期間リターンは、やはり問題文の通り、「５年ごとに25％」なので、「25％」です。

一方、Ａの期間リターンは、複利効果を考慮に入れた以下の式で求められます。

$$(1+0.05)^5-1=27.6\%$$

こちらも、エクセル上で計算を行う場合は、セルに次の数式を入力してください。

=(0.05+1)^5-1

以上をまとめると、Aの「5年間にわたり、毎年5%ずつリターンを獲得できる商品」のほうが、5年後に獲得できるリターンが高いことがわかります。これこそが、長期投資で力を発揮する複利効果の正体です。

ちなみに、次の3つの投資信託の年率リターンは、いずれも先の「5年ごとに、25%ずつリターンを獲得できる商品」と同じ、4.6%です。

・3年の期間リターンが14.5%の商品
・8年の期間リターンが43.5%の商品
・20年の期間リターンが144.5%の商品

細かい計算は割愛しますが、やはりパッと見ただけでは、リターンの差がわからない

年率リターンと期間リターン

	商品の内容	年率リターン	期間リターン
商品A	5年間にわたり、毎年5％ずつリターンを獲得できる	5%	**27.6%**
商品B	5年ごとに25％ずつリターンを獲得できる	**4.6%**	25.0%

**一見、同じような商品内容に見えるが、
年率リターンと期間リターンの数字は違う！**

と思います。

この例からもわかるように、期間リターンは個々の投資信託のリターンを把握するうえでは使いやすいものの、異なる計算期間の投資信託を比較するのには向いていません。

投資信託の世界で年率リターンが多く使われるのは、こうした異なる計算期間の商品を比較しやすくするためなのです。

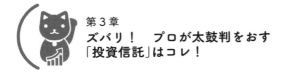

アフターフォロー❸

「購入した商品」の状況確認は「年1回」でOK

マーケットに関連する大きなニュースが出るたびに投資信託の基準価額がどう変化しているか気になってしまうのは自然なことです。

しかし、あまり日々の値動きばかりに気を取られていると、知らず知らずのうちに投資の原理原則から外れた、「余計な」投資行動を取ってしまうことがあります。

2002年にノーベル経済学賞を受賞したダニエル・カーネマンは、心理学的知見を経済学に取り入れた行動経済学という新しい学問分野で、人間の不合理な行動を数々解き明かしました。

代表的なのは損失回避に関する行動です。

「損失の苦痛は利益を得たときの喜びの2倍強く感じられる」ことから、人は損失が発生した途端、その損失を取り返そうとよりリスクの高い投資をしたり、「いつかは上がる」

と信じて含み損を抱えたまま投資信託や株式を保有し続けたりしてしまうのです。基準価額が下がった投資信託を売却したくなるのも、まさにこの損失回避の心理に因るものです。

しかし、当然のことながら、基準価額が下がった投資信託を売却すれば、その時点で損失が確定してしまいます。

まずは冷静になって、保有する投資信託がマーケットの環境、あるいは、類似の商品と比べてどの程度下がっているかを確認することが先決です。

そのうえで、買い増しをするか、積み立て額を増やすかなどを検討するのがよいでしょう。

また、同じ行動経済学の分野で、２０１７年にノーベル経済学賞を受賞したリチャード・セイラーが行った実験によれば、人はポートフォリオ（保有する金融商品の組み合わせ）のリターンを見る回数が多いほど、リスクを取りにいこうとしなくなるのだそうです。

ポートフォリオを頻繁に確認すればするほど、確率的に損失に直面する可能性は高くなります。

実際に損失が発生している状態を目の当たりにすると、目先の損失を回避しようとするあまり、株式の配分を減らすなど、長期投資のセオリーから外れた、矛盾した投資行動を取ってしまうのです。

なお、セイラーと共同研究者のシュロモ・ベナルチが発表した「近視眼的損失回避」論文では、また別の視点から投資家の不合理な行動について分析しています。

論文によれば、人が株式と債券に対して中立なスタンスを取りたい、つまり、株式と債券に50%ずつ投資したいと感じるポートフォリオの確認頻度として「年1回」という数値が示されています。言い換えれば、保有する商品の確認頻度が高い投資家は、取っているリスクに対して要求するリターンが高い傾向にあるのだそうです。

以上をまとめると、投信積み立てなど長期投資を前提としている場合、保有する投資信託の状況を確認する頻度はせいぜい「年1回」程度にしておいたほうがよさそうです。

なぜなら、基準価額を毎日確認しても、損失が出ているとリスク回避的になり、反対に利益が出ていると気が大きくなって、さらに高いリターンを求めてしまうためです。

iDeCoは年1回、2月の初旬頃にレコードキーパーから「お取引状況のお知らせ」が届くので、このときに運用状況の確認をしておきましょう（加入金融機関によっては、郵送ではなく電子交付の場合もあります）。

運用状況のチェック方法

iDeCo

年1回、2月の初旬頃に届く「お取引状況のお知らせ」で運用状況を確認する

NISA

誕生日など、覚えやすい日を確認日に設定し、年1回チェックする

同様に、NISAについても特に積み立て部分については、年1回程度の確認で十分です。

たとえば、誕生日などを確認日として設定しておくと覚えやすいでしょう。

ただし、何らかのライフイベントが決まった場合はこの限りではありません。

結婚、妊娠・出産、住宅購入、転職、独立などが視野に入ったときは、資金ニーズに応じて商品や配分を調整しましょう。

アフターフォロー❹

「為替リスク」は過度に気にしない

米ドルやユーロなど、外貨建ての資産に投資していても、国内籍投資信託の基準価額はすべて日本円で算出されます。

そのため、外貨建て資産に投資するファンドの場合、日本円で基準価額が算出される段階で為替変動の影響を受けることになります。

2021年～2022年のように、円がドルに対して下落する円安の状態は、外貨建て資産に投資する投資信託にとって追い風になります。

なぜなら、「円が安くなる＝ドルの価値が高くなる」ので、米ドル建て資産の円換算での価値が上昇するからです。

反対に、円がドルに対して上昇する円高の状態は、米ドル建て資産に投資する投資信託の収益を目減りさせてしまいます。

こうした一連の為替変動によって受ける影響こそが、外貨建て資産に投資する際に負う為替変動リスクです。

長期の資産形成では、短期的な為替変動の行方を予測するよりも、為替リスクは存在するという前提で付き合い方を把握しておいたほうが賢明です。

特に積み立てをしているなら、過度に円高におびえる必要はないでしょう。長期で積み立てを行うことで、為替リスク自体もならされるからです。

本書は、iDeCoやNISAを使用した長期積み立て投資を前提にしているので、「一定程度の為替リスク」を前提にして投資信託を選定し、組み合わせも考案しています。

また、外貨建て資産への投資は、為替変動によってもたらされるリターンも醍醐味の1つなので、為替変動リスクに過度に敏感になる必要もないでしょう。

とはいうものの、投資信託の中には、「為替ヘッジ」という為替変動の影響を回避するための「保険」のような機能を備えた商品もあります。

一般的に為替ヘッジは、将来交換する為替レートをあらかじめ予約する「為替先物予約」などを通じて行われます。為替ヘッジ機能付きの投資信託を選べば、為替変動の影響を気にすることなく、外貨建て資産に投資できます。

ただし、為替ヘッジに関わるコストについては注意が必要です。

先述した為替先物予約を行う際は、為替変動の影響を抑えたい外国通貨（例：米ドル）と日本円の短期金利差がヘッジコストとして反映されます。

各国の短期金利は変動するので、ヘッジコストも金利差に応じて変動します。金利差が小さければ小さいほどヘッジコストは低く済みます。

一方、金利が高い通貨でヘッジをしようとすると、その分だけヘッジコストがかさみ、運用収益を押し下げます。

じつは、近年の世界的な利上げ傾向により、ヘッジコストは上昇傾向にあります。

２０２０年春のいわゆるコロナショック以降、世界的な金融緩和政策が継続していた中では、ヘッジコストも低く抑えられていました。

しかし、２０２２年以降は、各国の金融引き締め観測の高まりなどにより上昇に転じています。ヘッジコストは、運用されている資産（信託財産）から差し引かれ、日々の基準価額に反映されます。そのため、コストがかかっていることを実感しにくいのですが、近年のように金利差が拡大する局面では、間接的に運用成績を押し下げる要因になることを頭に入れておきましょう。

第4章 NISAとiDeCoを120%使いこなす方法

iDeCoの120%活用法❶

月ごとに「拠出額」を変える

じつはiDeCoでは、毎月同じ金額ではなく、月ごとに金額を指定して拠出する「年単位拠出」を選択することもできます（ただし、企業型確定拠出年金に加入している人を除く）。

事前に運営管理機関に所定の書類を提出することで、「ボーナス払い」のように、特定の月にまとめて拠出したり、1年分をまとめて拠出したりすることもできます。

まとめて拠出できるのは、すでに経過した期間の拠出限度額の累計額です。

つまり、掛金の「前払い」はできず、拠出する権利が発生した月についてのみ、後払いが認められるというイメージです。

職業柄キャッシュフローがイレギュラーで、特定の月にまとめて拠出したいという人は、「年単位拠出」を選ぶことで、所得控除のメリットを享受しやすくなります。

あるいは、会社員でも、たとえば、6月と12月のボーナス月にまとめて拠出する方法を選択できます。

前提として、iDeCoでは、掛金の引落日（毎月26日。休日の場合は翌営業日）を基準に1月引落分（前年12月分）から12月引落分（11月分）までを「1年間」として考えます。

また、毎月の最低拠出額5000円は、年単位拠出を選択したとしても変わりありません。

つまり、年間の最低拠出額の合計は、6万円です。

「年単位拠出」を選択する場合、この「1年間」の考え方に加え、以下のルールに則って拠出額を自分で指定します。

- 拠出する月の拠出限度額は【経過した月数×掛金限度額（月額）】
- 掛金額を設定する場合の最低拠出額は【前回拠出からの月数×5000円】で、1000円単位で設定（楽天証券の場合）
- 12月引落分（11月分）を除き、拠出をしない月（0円）を設定できる

・当月の拠出限度額と掛金の差額を、年内（前年12月分〜当年11月分）に限り、翌月以降に繰り越せる（ただし、翌年には繰り越せない）
・12月引落分（11月分）は最低拠出額以上の拠出が必要

これだけでは少しわかりにくいので、いくつか例を見ていきましょう。

【ケース❶】
1カ月あたりの拠出限度額：2万3000円の会社員（第二号被保険者）
年途中にiDeCoに加入し、12月にまとめて拠出を行う

最もシンプルで一般的な例です。

左の表を見てください。

たとえば、6月受付で新規加入した場合、7月26日が初回の引落になります。以降の掛金額を12月まで繰り越し、6カ月分を12月にまとめて拠出できます。

年途中に加入し、12月に満額拠出する場合

引落日	実際に拠出する金額	当月の累積掛金上限額	当月繰越額
1月26日（前年12月分）	未加入のため拠出権利なし		
2月26日（1月分）			
3月26日（2月分）			
4月26日（3月分）			
5月26日（4月分）			
6月26日（5月分）			
7月26日（6月分）	0円	23,000円	23,000円
8月26日（7月分）	0円	46,000円	46,000円
9月26日（8月分）	0円	69,000円	69,000円
10月26日（9月分）	0円	92,000円	92,000円
11月26日（10月分）	0円	115,000円	115,000円
12月26日（11月分）	**138,000円**	**138,000円**	**0円**
合計	**138,000円**		0円

1年間

まとめ期間

毎月23,000円ずつ増える

差額はなし

【ケース❷】
1カ月あたりの拠出限度額：2万3000円の会社員（第二号被保険者）
6月と12月のボーナス月にのみ拠出を行う

いわゆる「ボーナス払い」と同じ考え方です。

6カ月分の掛金を6月と12月の2回に分けて均等に満額拠出し、それ以外の月は拠出しない（0円）ケースです。

左の表を見てください。

12月の引落分を除けば、拠出しない（＝0円にする）月を設定することが可能なので、1月から5月までの引落分と、7月から11月までの引落分をいずれも0円にします。

そのうえで、6月と12月に13万8000円ずつ拠出するよう設定します。

実際の拠出額は0円でも、毎月2万3000円分拠出できる権利は発生しているので、その合計額を年2回に分けて「後払い」するということです。

6月と12月の2回に分けて満額拠出する場合

引落日	実際に拠出する金額	当月の累積掛金上限額	当月繰越額
1月26日（前年12月分）	0円	23,000円	23,000円
2月26日（1月分）	0円	46,000円	46,000円
3月26日（2月分）	0円	69,000円	69,000円
4月26日（3月分）	0円	92,000円	92,000円
5月26日（4月分）	0円	115,000円	115,000円
6月26日（5月分）	❶ **138,000円**	**138,000円**	**0円**
7月26日（6月分）	0円	23,000円	23,000円
8月26日（7月分）	0円	46,000円	46,000円
9月26日（8月分）	0円	69,000円	69,000円
10月26日（9月分）	0円	92,000円	92,000円
11月26日（10月分）	0円	115,000円	115,000円
12月26日（11月分）	❷ **138,000円**	**138,000円**	**0円**
合計 ❶＋❷	**276,000円**		0円

1年間

まとめ期間①（1月26日〜5月26日）

まとめ期間②（7月26日〜11月26日）

毎月23,000円ずつ増える

毎月23,000円ずつ増える

差額はなし

【ケース❸】

1カ月あたりの拠出限度額：6万8000円の自営業者（第一号被保険者）

年途中のまとまった収入を見越し、7月に繰越額も含めた満額拠出を行い、8月以降は無理のない範囲で毎月拠出する

毎月の収入が一定ではない自営業を想定した、少し特殊なケースです。仮に、次の前提条件があるとしましょう。

- 1月から春ごろまでは見込み収入が少ない
- 6月にまとまった収入がある
- 年後半は毎月3万円程度なら確実に拠出できる

ケース❶の会社員のように、6月の収入を得た後それまでの拠出額をまとめて払ってもよいのですが、収入の少ない時期が具体的に何月まで続くかわからない場合、左の表のように、途中で最低額をいったん拠出する方法もあります。

毎月の収入が一定ではない場合

引落日	実際に拠出する金額	当月の累積掛金上限額	当月繰越額
1月26日（前年12月分）［まとめ①］	0円	68,000円	68,000円
2月26日（1月分）［まとめ①］	0円	136,000円	136,000円
3月26日（2月分）❶	**15,000円**	**204,000円**	**189,000円**
4月26日（3月分）［まとめ②］	0円	257,000円	257,000円
5月26日（4月分）［まとめ②］	0円	325,000円	325,000円
6月26日（5月分）［まとめ②］	0円	393,000円	393,000円
7月26日（6月分）❷	**461,000円**	**461,000円**	**0円**
8月26日（7月分）❸	30,000円	68,000円	38,000円
9月26日（8月分）❸	30,000円	106,000円	76,000円
10月26日（9月分）❸	30,000円	144,000円	114,000円
11月26日（10月分）❸	30,000円	182,000円	152,000円
12月26日（11月分）❸	30,000円	220,000円	190,000円
合計 ❶＋❷＋❸	**626,000円**		**190,000円**

1年間

繰り越し

翌年に繰り越せず

最低拠出額は、「前回拠出からの月数×5000円」なので、前年12月から2月までの3カ月分を拠出する場合、「3×5000円＝1万5000円」になります。

この1万5000円と、拠出累積限度額20万4000円（3×6万8000円）との差分の18万9000円は、翌月以降に繰り越せます。

6月にまとまった収入を得てから、本ケースのように、繰越分も含めて満額拠出することが可能です。

年後半にかけて、収入がある程度安定するなら、毎月6万8000円の満額拠出は難しくても、無理のない範囲で毎月拠出することをオススメします。

ただし、拠出額と限度額の差分は翌年には繰り越せません。

本ケースの場合、年間の拠出総額は62万6000円と、限度額の81万6000円を19万円下回っていますが、この分は翌年に繰り越せず、権利を放棄することになります。

以上のように、掛金を年2回、3回など、少ない拠出回数でまとめて拠出すると、口座管理手数料のうち、国民年金基金連合会に支払う手数料（月105円）を抑えられるメリットがあります。

この手数料は、原則拠出時にかかるため、拠出回数が少ないほど安く済みます。

ただし、会社員や公務員の方など、定期的な収入が見込める人については、可能な限り毎月一定額で拠出する、月額払いがオススメです。

なぜなら、この方法のほうが投資信託の積み立て効果が期待できるからです。

特定の月に拠出を集中させると、たまたま相場が大きく動いたタイミングと、拠出月が重なってしまうことも考えられます。

相場が上昇し、投資信託の基準価額も大きく上昇したタイミングで拠出・投資信託の買付をせざるをえないという事態は、なるべく避けたいところです。手数料がどうしても気になる人は、年4回程度に分けて拠出することをオススメします。

年単位拠出を選択したい人の手続きについては、これからiDeCoに加入する場合、加入時に、月ごとに金額を指定して拠出する旨を届け出ましょう。

すでにiDeCoに加入していて年単位拠出を希望する場合は、加入する運営管理機関経由で、「加入者月別掛金額登録・変更届」という書類を提出します。

iDeCoの120%活用法❷

「マッチング拠出」で拠出額を増やす

従来、iDeCoは、自営業者や企業年金制度がない会社員向けの制度としての色合いが強い傾向にありました。それが次第に、専業主婦（夫）などの国民年金第三号被保険者や公務員等共済加入者へと広がり、2022年10月には、企業型確定拠出年金（以降、企業型DC）に加入している会社員がiDeCoに同時加入する際の要件が緩和されました。

そもそも企業型DCでは、会社が拠出する掛金（事業主掛金）に、加入者も一定の範囲内で上乗せして拠出ができる「マッチング拠出」が認められています。

2022年の制度緩和により、企業型DCの加入者は、マッチング拠出を行うか、iDeCoに同時加入するかを選択できるようになりました。

マッチング拠出は、①事業主掛金の額以下で、かつ、②事業主掛金とマッチング掛金の合計が５万５０００円以下の範囲内で行うことができます。この掛金も、ｉＤｅＣｏと同様、全額が所得控除の対象になります。

また、マッチング拠出は、あくまでも現在加入している企業型に上乗せして行うものなので、企業型の口座１つで確定拠出年金の資産を一括管理でき、口座管理料も会社が負担してくれます。

掛金を給与天引きで支払うことができる点もメリットでしょう。

一方、ｉＤｅＣｏは、企業型とは別の口座のため、同時加入した場合、企業型と個人型の（ｉＤｅＣｏ）２つの口座で資産を管理することになります。一連の手数料も、加入者自身が負担します。

なお、ｉＤｅＣｏに同時加入する場合、①ｉＤｅＣｏの限度額が２万円以下で、かつ、②会社掛金とｉＤｅＣｏ掛金の合計が５万５０００円以下である必要があります。

以上を踏まえると、マッチング拠出のメリットのほうが全体的に大きいように見えますが、事業主掛金が２万円に満たない場合はｉＤｅＣｏの同時加入を検討したほうがよいでしょう。

マッチング拠出では、事業主掛金と同額までしか上乗せ拠出できないので、たとえば事業主掛金が5000円の人は、マッチング掛金と合わせて1万円が拠出限度額になります。

しかし、iDeCoを選択すれば、事業主掛金5000円に加え、iDeCoで2万円まで拠出できるので、最大拠出額が2万5000円に引き上がります。

一方、事業主掛金が2万1000円以上、3万5000円未満の人は、マッチング拠出を選択したほうが最大掛金は大きくなります。

なお、企業型DCの加入者がiDeCoに同時加入する場合、企業型の事業主掛金とiDeCoの掛金はともに毎月（各月）拠出でないといけません。

前項で紹介した年単位拠出は選択できないので注意しましょう。

まとめると、企業型確定拠出年金とiDeCoの同時加入の条件は、次の3点です。

（条件1）企業型確定拠出年金のマッチング拠出を利用していないこと

（条件2）各月の企業型DCの事業主掛金額と合算して月額5万5000円を超えていないこと

（条件3）掛金（企業型の事業主掛金・ｉＤｅＣｏ）が各月拠出であること

マッチング拠出は企業型ＤＣに上乗せして行うものなので、会社を辞めるときは、運用商品をいったん売却し、現金化することになります。

転職先に企業型ＤＣがあって移管する場合でも、現金化の手続きは必ず発生します。転職先に企業型ＤＣがなく、自身でｉＤｅＣｏに新規加入する場合も同様です。

少しややこしいですが、確定拠出年金における「運用資産の移管」とは、あくまで口座内のお金を次の制度に移管できることを意味します。

いかなるケースでも、投資信託などの運用商品をそのまま持ち運ぶことはできません。

したがって、たとえば、近々転職や独立を検討している場合、前述の最大掛金額と照らし合わせて、ｉＤｅＣｏに加入しておくのも1つの方法でしょう。

「マッチング拠出」と「iDeCo同時加入」

	マッチング拠出	iDeCo同時加入
掛　金	以下のいずれも満たす額 ①会社掛金の額以下 ②会社掛金とマッチング掛金の合計が**5万5000**円以下	以下のいずれも満たす額 ① iDeCoの限度額2万円以下 ②会社掛金とiDeCo掛金の合計が**5万5000**円以下
口座管理料	会社負担	**本人負担**
口座管理	1つの口座	企業型とiDeCo、**2つの口座**

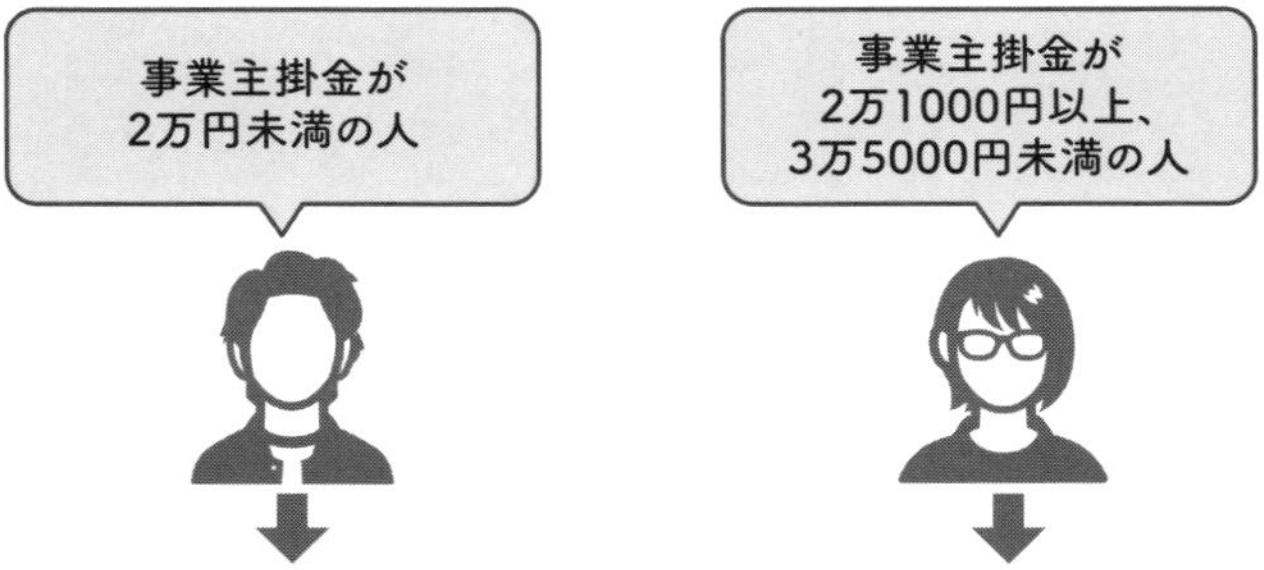

「iDeCoの同時加入」のほうが最大掛金は大きくなる!

「マッチング拠出」のほうが最大掛金は大きくなる!

マッチング拠出では、事業主掛金と同額までしか上乗せ拠出できないので、事業主掛金が2万円未満の人はiDeCoの同時加入で2万円を拠出したほうが最大掛金を大きくできる。

NISAの120%活用法❶

「単元未満株」でリスクヘッジしながら株式投資をする

「新NISA」では、投資信託だけでなく、個別株投資もできるようになります。一部、上場廃止の懸念がある銘柄は対象外ですが、成長投資枠の範囲内であれば株主優待や配当を目的として株式を保有できます。

株を保有するということは、つまり、出資者となり、企業のオーナーの1人になることと同じです。株式投資の本質は、株券を売ったり買ったりすることではなく、企業のオーナーとしての権利を持つことです。

オーナーの権利の中には、その企業が生み出す利益を享受することはもちろん、前述の配当金（企業が得た利益の一部を株主に分配するもの）を受け取ったり、決議（企業の意思決定の場）に参加したりすることも含まれます。

本書でメインに解説している投資信託と株式投資の違いの1つは、最低売買金額です。

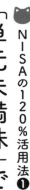

投資信託は、目論見書で明示されていない限り、販売会社である金融機関が最低売買金額を決めることができます。

現在は、ネット証券の「100円」という額が、実質的な最低売買金額になっています。

対して、株式は銘柄によって最低売買金額が異なります。

具体的には、次の計算式で計算します。

株価（現在値《げんざいね》）×最低単位数（単元株数）

※現在値：最新の1株あたりの株価。直近で取引が成立した値段。
※最低単位数・単元株数《たんげんかぶすう》：株を買うのに必要な最低株数。原則100株単位。

つまり、実際に株式を購入するときは、現在表示されている株価に100をかけた値が、最低売買金額になります。

最低売買金額が数万円～十数万円程度であれば、株式投資初心者でもチャレンジしやすいかもしれませんが、現存する3000社以上の上場企業の中には、株価が数千円～

数万円の銘柄も少なくありません。

そのような銘柄に投資をしたい場合は、一部の証券会社で提供されている、単元未満株のサービスを使うことで、1株から株式を購入できます。

たとえば、株価が1000円の銘柄の場合、通常の株式取引であれば、1000円×100株＝10万円の投資資金が必要となりますが、単元未満株なら、1株＝1000円で購入できます（別途売買手数料がかかることがあります）。

単元未満株のサービスを使えば、最初に20株購入した後、株価が下がったタイミングで50株、資金面に余裕が出たときに30株追加購入すれば、最初に単元（100株）購入した場合と同じ株数を保有できます。

注意点としては、単元未満株を利用した場合、1売買単位（100株）に満たない数量の株式には、議決権や株主優待を受ける権利がないことです（配当は条件付きで受け取れます）。単元未満で少しずつ株を買い増し、累計で100株に達すると、議決権や株主優待を受ける権利を得ることができます。

NISAの120％活用法❷

「株式分割」を発表した企業に注目する

株価が高く、最低売買金額のハードルが高い銘柄については、前項で解説した単元未満株を活用するのも1つの方法ですが、近年は株式市場全体で、別の動きもみられています。それが、株式分割です。

株式分割とは、上場会社がすでに発行されている株式について、1株をいくつかの株に分割し、発行済株式数を増やすことです。

株式分割を行うと、1株あたりの株価と最低売買金額は小さくなるので、投資家にとっては、株式を購入するハードルが低くなります。売買されやすくなる結果、投資家の数が増え、株価を安定させる効果も期待できます。

なお、株式分割が行われても、総発行株式数が変わらなければ、株式自体の価値は変化しません。

じつは、東京証券取引所を傘下に持つ日本取引所グループ（JPX）は、個人投資家が投資しやすい環境を整備すべく、上場会社に対して投資単位の引き下げを継続的に要求してきました。

東証が提唱する、最低売買金額の目安は「5万円以上50万円未満」です。JPXが開示しているデータによると、上場会社約3800社のうち、95%の企業がすでに50万円未満の水準になっているものの、50万円以上の企業も200社近く存在します。

1単元あたりの株価の水準が高い企業のことを「値がさ株」と言います。「値がさ株」の代表格として知られていたのが、ユニクロを展開するファーストリテイリングや、東京ディズニーランドを運営するオリエンタルランドでした。

じつはこの2社は、新NISAの内容が判明した時期と同じ、2022年12月に株式分割を発表しました。

「日本一高額な株価」として知られていたファーストリテイリングは、株価が7万～8万円前後と高額で、1単元買うには、なんと800万円前後の資金が必要でした。これが、2023年2月末をもって1株あたり3株に分割されて投資しやすくなりました。

ちなみに、同社が株式分割をするのは約20年ぶりのことです。

オリエンタルランドは、株主優待でも人気の銘柄ですが、こちらも分割前の株価は2万円前後（最低売買金額約200万円）と、高額でした。それが、2023年3月末に、1株あたり5株に分割されました。同社も、じつに8年ぶりの分割でした。

また、オリエンタルランドは、自社の株式を長く持ってもらえるよう、分割と同じタイミングで長期保有株主のための優待制度も新設しました。2023年9月30日基準日以降、3年以上継続して100株以上の株式を保有している株主には、現行の優待制度（500株あたり東京ディズニーリゾート株主用パスポート1枚）に追加してもう1枚、入園パスポートが配布されます。

必ずしも新NISAだけが直接的な要因ではないものの、今後も、投資家層のすそ野拡大や、新NISAを通じた長期投資家の獲得を目的として、株式分割を行う企業が増える可能性は高いとみられます。

NISAの120％活用法❸

ジュニアNISA終了後も「子ども名義」の口座はつくれる

2022年4月に民法上の成年年齢が18歳に引き下げられたことに伴い、高校の家庭科の授業において金融教育が必修化されました。

この流れを受け、子どもに自分名義の口座を持たせ、早いうちから株式投資や投資信託の取引を経験させたいと考える親御さんもいるでしょう。

しかしながら、2024年から始まる「新NISA」は、最終的に加入可能年齢が18歳以上になることで落ち着きました。

当初は、現行のジュニアNISAの後継制度としての役割を担うことも期待されていましたが、制度自体が恒久化され、始めどきにタイムリミットがなくなったことや、非課税投資枠が大幅に引き上げられたことで、口座保有者本人の意思がより重要視された結果と考えられます。

このように、NISAについては、ジュニアNISAの終了（2023年）とともに未成年者向けの措置がいったんなくなるものの、子ども名義の資産運用口座自体は、今後もつくることが可能です。

「子ども名義の資産運用口座」について解説するにあたり、まずは証券会社における未成年者口座の取り扱いについて説明しておきましょう。

原則として、子ども名義の口座での証券取引（投資信託や株式の取引）は、父母または親権者（未成年後見人）が、口座名義人の未成年者に代わり、未成年者の財産を管理することを目的として、取引を行うことになります。

なお、ここでいう未成年者とは、0歳から満18歳未満の人を指します。

父母や親権者と同居しているかどうかは関係ありません。

満15歳以上については、取引主体を父母・親権者ではなく、本人にすることもできます。ただし、取引主体を本人とした場合、各種の手続きも、口座内の売買発注もすべて未成年者本人が行うことになります。

取引主体者になったとしても、親権者には未成年者口座の取引状況等を管理・把握する義務があります。

そのため、一部の証券会社を除いては、未成年者口座の開設に際し、父母・親権者の双方、または、いずれか一方の口座開設を必須とするほか、所定の同意書への署名・捺印も求められます。

未成年者口座の取引に際しては、必ず、未成年者口座名義人の銀行口座をあらかじめ開設しておきましょう。

そして、その口座から証券会社の口座に入金してください。

通常、証券会社の口座開設時には出金先（振込先）指定口座を登録しますが、この登録金融機関も、必ず未成年者本人の名義である必要があります。出金先指定口座の口座名義が親権者のものだと、贈与とみなされてしまうためです。

なお、口座名義人の子どもが18歳に到達すると、通常の成人口座に資産が移管されると同時に、親権者の親権と代理権は消失します。

また、ＮＩＳＡ口座の開設も可能になります。

以上の通り、証券会社における未成年者口座の扱いは、あくまでも親権者に紐づいた、特例的な内容であることがわかると思います。

子ども名義の銀行口座への預金とは異なり、証券口座は、取引の内容によって損失が発生する可能性もあります。

親権者が行った取引であっても、未成年者口座内で行われる取引の効果はすべて口座名義人である未成年者に帰属します。

言い換えれば、「未成年者が行った取引だからなかったことにしてほしい」という言い分は通用しないということです。

もし、教育の一環として、実際の証券取引を経験させる目的で未成年者口座を開設する場合は、この点について家族間でしっかりと認識合わせをしておきましょう。

特別付録

無料特典の使い方

特別付録

本書をご購入いただいたみなさまへの無料特典として、NISA や iDeCo の積み立てシミュレーションができるエクセルシートを差し上げます。下記の URL よりダウンロードしてください。本編で解説した内容を踏まえて資産形成する際のプランづくりのツールの1つとしてお役立てください。

↓無料特典エクセルシートのダウンロード URL
https://ul.sbcr.jp/TOKU-xJ3eh/

シート1 年齢、年収、iDeCo の加入条件を入力

現在の年齢	40歳	入力
年収	500万円	入力
iDeCoの加入条件	企業年金がない会社員	選択
月額掛金上限額	23,000円	

入力シートで「入力」と記載のあるオレンジ色のセルに年齢と年収を入力（半角）します。iDeCo のシミュレーションも行いたい場合は、「選択」というプルダウンから自身の加入条件を選択してください。シート2「iDeCo シミュレーション」に、自動的に情報が反映されます。

シート2 iDeCoの運用シミュレーション

iDeCo で拠出・運用を行った場合の累計拠出額と、複利効果を加味した運用収益のほか、毎年の節税額も確認できます。
シート 1 で入力した年収情報に基づき、上段の給与所得控除、課税所得、所得税率、住民税率はそれぞれ自動的に算出されます。
掛金の拠出は 64 歳までのため、65 歳以降の「年間掛金合計額」は自動的にゼロになります。

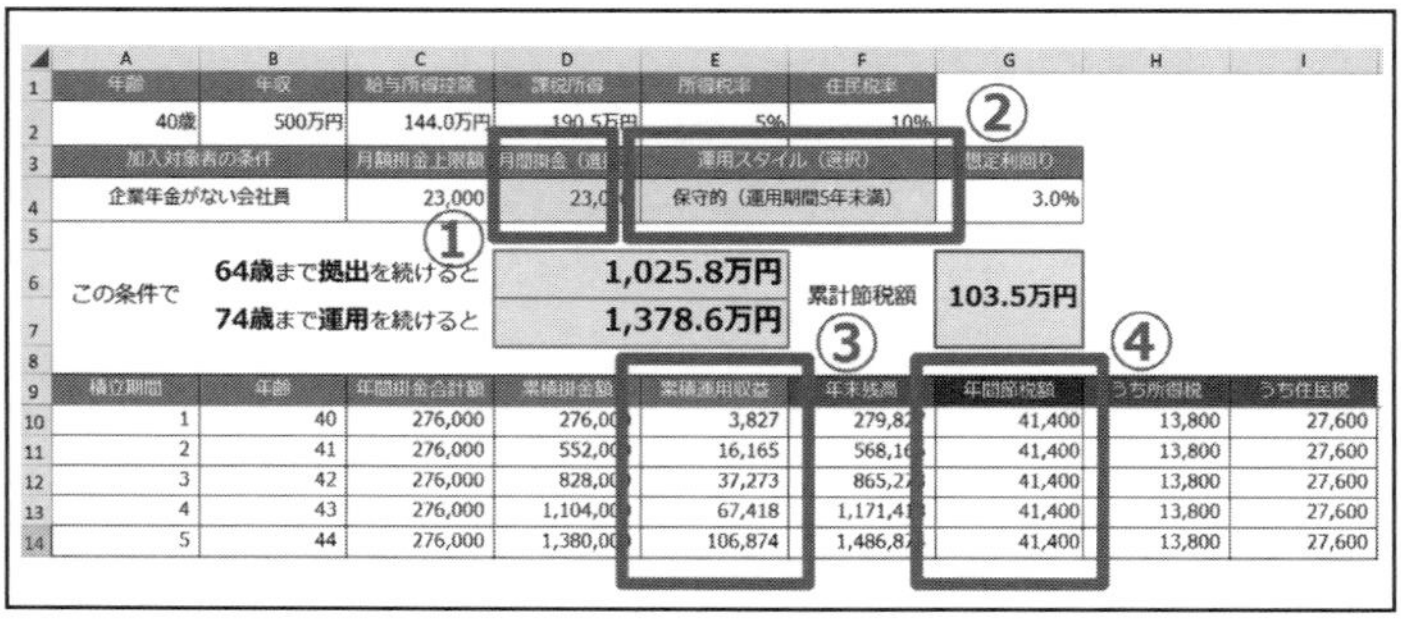

	A	B	C	D	E	F	G	H	I
1	年齢	年収	給与所得控除	課税所得	所得税率	住民税率			
2	40歳	500万円	144.0万円	190.5万円	5%	10%	②		
3	加入対象者の条件		月額掛金上限額	月間掛金（選	運用スタイル（選択）		想定利回り		
4	企業年金がない会社員		23,000	23,0	保守的（運用期間5年未満）		3.0%		
5				①					
6	この条件で	64歳まで拠出を続けると		1,025.8万円		累計節税額	103.5万円		
7		74歳まで運用を続けると		1,378.6万円					
8					③			④	
9	積立期間	年齢	年間掛金合計額	累積掛金額	累積運用収益	年末残高	年間節税額	うち所得税	うち住民税
10	1	40	276,000	276,00	3,827	279,82	41,400	13,800	27,600
11	2	41	276,000	552,00	16,165	568,16	41,400	13,800	27,600
12	3	42	276,000	828,00	37,273	865,27	41,400	13,800	27,600
13	4	43	276,000	1,104,00	67,418	1,171,41	41,400	13,800	27,600
14	5	44	276,000	1,380,00	106,874	1,486,87	41,400	13,800	27,600

① プルダウンで毎月の掛金額（1,000 円単位）を選択します。
② プルダウンで運用スタイルを４つの中から選択します。パーセンテージの数字は、想定年率リターンです。
保守的：3.0%　安定的：5.0%　積極的：7.0%　超積極的：8.5%
カッコ内の期間は「運用にあてられる期間」で読み替えてもかまいません。
③【累積運用収益】の金額には、複利効果が反映されています。
④【年間節税額】は、所得税率と住民税率を参照し、概算値として算出しています。実際の節税額は、その他の控除額に応じて若干差が生じることがあります。

シート3 NISAを含む、積み立て投資のシミュレーション

NISA を含む、一般的な投資信託の積み立てを行った場合の累積積立額と、複利効果を反映した運用収益を時系列で確認することができます。

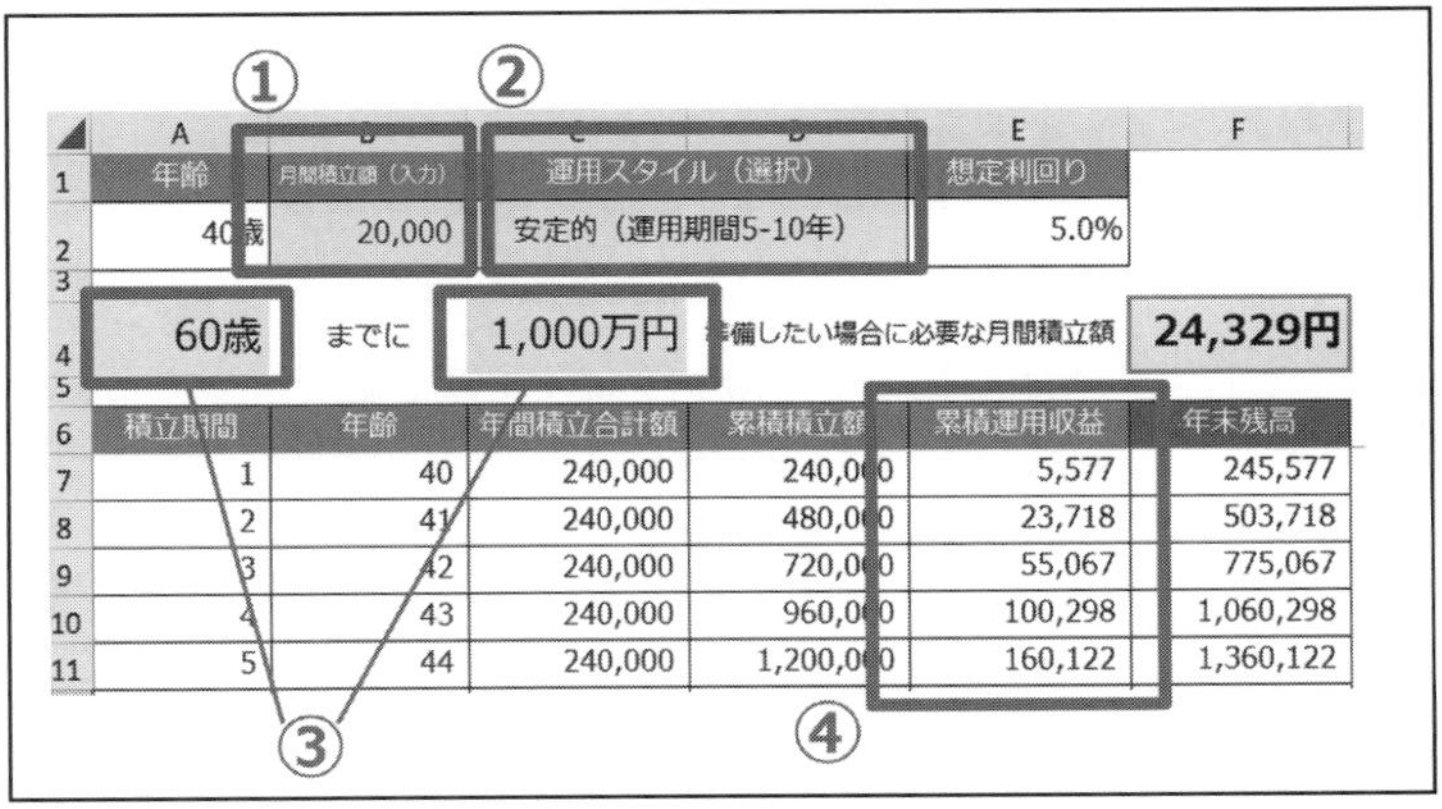

年齢	月間積立額（入力）	運用スタイル（選択）		想定利回り	
40歳	20,000	安定的（運用期間5-10年）		5.0%	
60歳	までに	1,000万円	準備したい場合に必要な月間積立額		24,329円
積立期間	年齢	年間積立合計額	累積積立額	累積運用収益	年末残高
1	40	240,000	240,000	5,577	245,577
2	41	240,000	480,000	23,718	503,718
3	42	240,000	720,000	55,067	775,067
4	43	240,000	960,000	100,298	1,060,298
5	44	240,000	1,200,000	160,122	1,360,122

① 【月間積み立て額】に毎月の積み立て額を入力（半角）します。
② シート２と同様、【運用スタイル】を４つの中から選択します。イメージがわかない場合は、ひとまず「安定的（運用期間 5-10 年）」を選択してください。
③ 積み立てを終了する「年齢」と「目標金額」を入力すると、想定年率リターンを基に計算した、毎月必要な積み立て額（月間積み立て額）を確認することができます。
④ 【累計運用収益】の金額には、あらかじめ複利効果が反映されています。

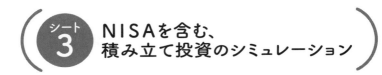

シート4 シート3で算出した積み立てシミュレーションのグラフ

シート3で算出された積み立てシミュレーションの結果をグラフで確認することができます。積み立ての終盤期（グラフ右端）になるほど、複利効果によって「累積運用収益」の積み上がり方が急になっていることがわかります。

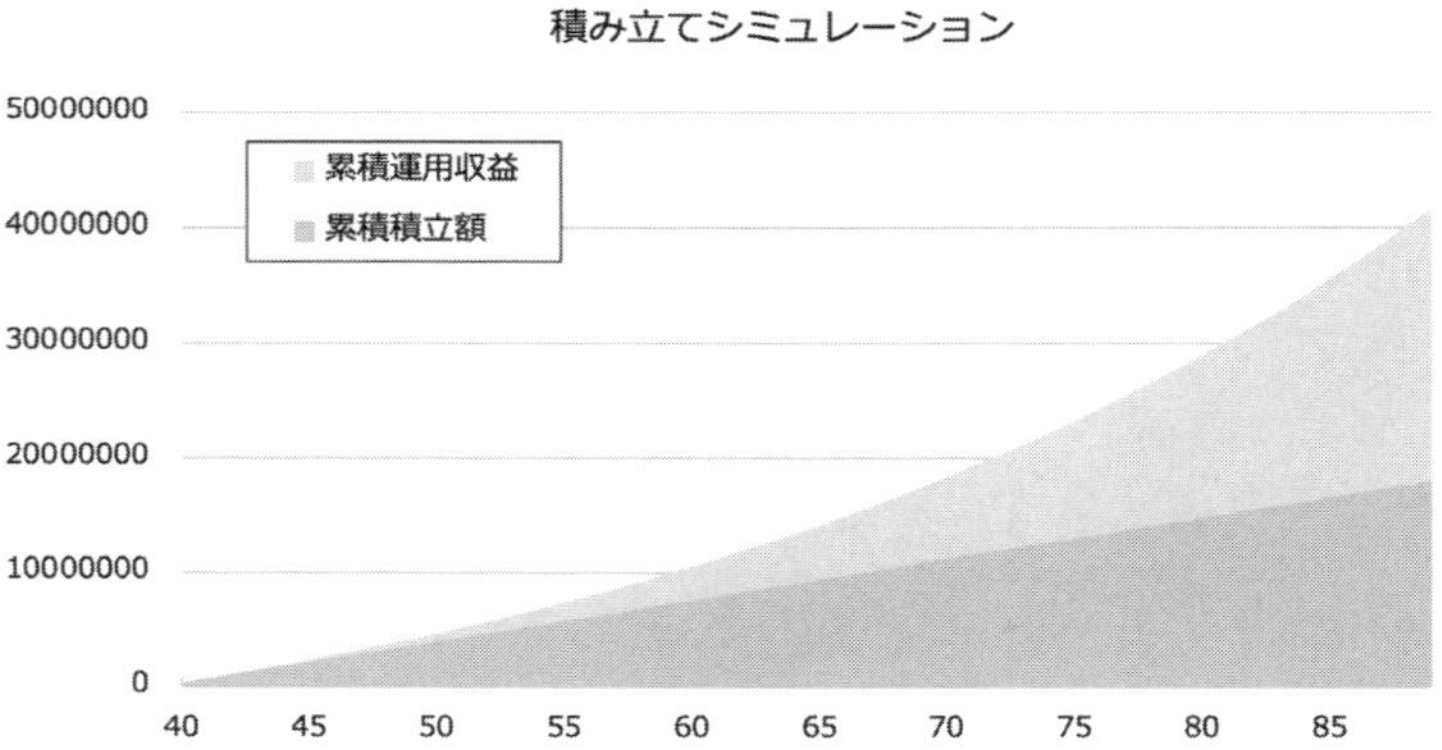

著者略歴

篠田尚子（しのだ・しょうこ）

楽天証券経済研究所副所長兼ファンドアナリスト。

CFP®（日本FP協会認定）。1級ファイナンシャル・プランニング技能士。

慶應義塾大学法学部卒。早稲田大学大学院ファイナンス研究科修了。

国内銀行にて個人向け資産運用相談業務を経験した後、2006年ロイター・ジャパン（現リフィニティブ・ジャパン）入社。傘下の投信評価機関リッパーにて、投資信託業界の分析レポート執筆、評価分析業務などの業務に従事。2013年、楽天証券経済研究所入所。日本で数少ないファンドアナリストとして、これまで世界各国で開催される資産運用業界の国際カンファレンスで日本の投資信託市場に関する講演を多数行ってきたほか、高校生から年金受給層まで、幅広い年齢層を対象とした資産形成セミナーの講師を務めるなど積極的に投資信託の普及啓蒙活動にも取り組んでいる。

おもな著書に、『本当にお金が増える投資信託はこの10本です。』（小社刊）、『貯金も節約もできない人でもお金が増える方法』（かんき出版）などがある。

【2024年新制度対応版】
NISA & iDeCo 完全ガイド

2023年5月 4日　初版第1刷発行
2023年8月26日　初版第3刷発行

著　　者　篠田尚子
発 行 者　小川 淳
発 行 所　SBクリエイティブ株式会社
〒106-0032　東京都港区六本木2-4-5
電話：03-5549-1201（営業部）

装丁・本文デザイン　杉本千夏（Isshiki）
本 文 図 版　伊藤まや（Isshiki）
本文DTP　クニメディア株式会社
編 集 担 当　鯨岡純一
印 刷 所　三松堂株式会社

本書をお読みになったご意見・ご感想を
下記URL、またはQRコードよりお寄せください。

https://isbn2.sbcr.jp/19497/

落丁本、乱丁本は小社営業部にてお取り替えいたします。定価はカバーに記載されております。本書の内容に関するご質問等は、小社学芸書籍編集部まで必ず書面にてご連絡いただきますようお願いいたします。

ISBN978-4-8156-1949-7